ВЕГАНСКА

КНИГА ЗА БАРБЕКЮ ЗА

НАЧИНАЕЩИ

100 ЗЕЛЕНИ РЕЦЕПТИ ЗА СКАРА, ПЕЧЕНЕ, ОПУШВАНЕ, МАРИНОВАНЕ И ЗАДУШАВАНЕ

Аниф Димитрова

Опровержение

Информацията, съдържаща се в тази електронна книга , има за цел да служи като изчерпателна колекция от стратегии, за които авторът на тази електронна книга е направил проучване. Обобщенията, стратегиите, съветите и триковете са само препоръки от автора и четенето на тази електронна книга няма да гарантира, че нечии резултати ще отразяват точно резултатите на автора. Авторът на електронната книга е положил всички разумни усилия, за да предостави актуална и точна информация за читателите на електронната книга. Авторът и неговите сътрудници няма да носят отговорност за неволни грешки или пропуски, които могат да бъдат открити. Материалът в електронната книга може да включва информация от трети страни. Материалите на трети страни съдържат мнения, изразени от техните собственици. Като такъв, авторът на електронната книга не поема отговорност за материали или мнения на трети страни. Дали поради развитието на интернет или непредвидените промени в политиката на компанията и насоките за редакционно представяне, това, което е заявено като факт по време на писането на това писмо, може да стане остаряло или неприложимо по-късно.

СЪДЪРЖАНИЕ

ВЪВЕДЕНИЕ

Всичко, което наистина трябва да знаете за зеленчуците на скара, освен това, което да комбинирате заедно, е температурата и времето на скара.

Можете да печете почти всеки зеленчук. В същото време не можете просто да ги хвърлите всички и да се надявате на най-доброто! Някои зеленчуци са по-твърди от други, като морковите и картофите. Този вид зеленчуци трябва да се пропарят преди печене на скара. Това са най-добрите зеленчуци за скара:

A. Baby bella гъби
B. Зелен боб
C. Червени и оранжеви чушки
D. Тиквички
E. Жълта тиква
F. червен лук

Можете да ядете тези печени зеленчуци направо от скара и имат невероятен вкус. Още по-добре; Смесете ги с бърза смес от зехтин и балсамов оцет, за да подсилите вкуса!

ЗАКУСКА , БРЪНЧ И ЯЙЦА

1. Гриловано хлебче и салата от чери домати

Общо време за приготвяне: 5 минути

Общо време за готвене: 5 минути

Добив: 1 порция

съставки

- 1 малка скилидка чесън; кайма 1

- ⅓ чаша балсамов оцет 75 мл

- 1½ супена лъжица зехтин 20 мл

- ¼ чаена лъжичка пипер 1 мл

- Сол на вкус

- 2 супени лъжици пресен див лук или зелен лук

- ⅓ чаша Нарязан на кубчета пресен босилек

- 6 парчета френски или италиански хляб

- 4 чаши чери домати; наполовина

Упътвания

a) Комбинирайте чесън, оцет, олио, черен пипер и сол в малка купа за смесване. Разбъркайте босилека и дивия лук.

b) Изпечете на скара или препечете хляба

c) Нарежете всеки сегмент на парчета.

d) Комбинирайте хляба, чери доматите и дресинга в купа за смесване.

e) Ако е необходимо, опитайте и коригирайте подправките.

2. Вегански палачинки

Общо време за приготвяне: 10 минути

Общо време за готвене: 5 минути

10 палачинки

съставки

- 1 $1/3$ чаши обикновено или ванилово соево мляко
- 1 чаша универсално брашно
- $1/3$ чаша твърдо тофу, отцедено и натрошено
- 2 супени лъжици веган маргарин, разтопен
- 2 супени лъжици захар
- 1 $1/2$ чаени лъжички чист екстракт от ванилия
- $1/2$ чаена лъжичка бакпулвер
- $1/8$ чаена лъжичка сол
- Рапица или друго неутрално масло за готвене

Упътвания

a) Комбинирайте всички съставки

b) с изключение на олиото за пържене) в миксер до гладкост.

c) Загрейте предварително тиган с незалепващо покритие или тиган за креп на средно висока температура.

d) Изсипете 3 супени лъжици тесто в центъра на тигана и наклонете тигана, за да разстелете тестото на тънко.

e) Гответе до златисто кафяво от двете страни, като обърнете веднъж.

f) Поставете останалото тесто върху тава и продължете процеса, като намажете тигана с олио, ако е необходимо

3. Яйца на скара

Общо време за приготвяне: 2 минути

Общо време за готвене: 18 минути

Добив: 6

Съставка s

- 12 яйца

Упътвания

a) Предварително загрейте външна скара до средно висока температура.

b) Напръскайте тава за мъфини със спрей за готвене и чукнете по едно яйце във всяка дупка.

c) Поставете на скара и гответе за 2 минути или докато достигнете желаната готовност.

4. Картофени банички на скара

Общо време за приготвяне: 10 минути

Общо време за готвене: 15 минути

Добив: 100 порции

Съставка

- 1 чаша масло

- 9 яйца

- 1 чаша мляко

- 22 килограма картофи, сварени с подсолена вода

- $4\frac{1}{2}$ чаша хляб

- $1\frac{1}{2}$ чаена лъжичка черен пипер

- 2 супени лъжици сол

Упътвания

a) Смесете картофите в съда с миксер на ниска скорост за 1 минута или докато се начупят на по-малки парчета.

b) Добавете черен пипер и масло или маргарин. Блендирайте на висока степен за 3 до 5 минути или докато стане напълно гладка.

c) Разтворете млякото; загрейте до кипене; смесете в картофите на ниска скорост, след това добавете цели яйца, които са били смесени.

d) Оформете банички и потопете в галета.

е) Печете на скара 3 минути от всяка страна върху леко намаслена решетка или до златисто кафяво.

5. Манари на скара с жълтъци

Общо време: 30 минути

Добив: 4 порции

Съставка

- 2 килограма пресни манатарки

- 3 супени лъжици екстра върджин зехтин плюс

- 2 супени лъжици

- 4 яйца, джъмбо

Упътвания

a) Нарежете гъбите на филийки и ги овкусете със сол и черен пипер.

b) Поставете гъбите на скара и гответе за 2 минути от всяка страна.

c) Междувременно загрейте останалото масло в незалепващ тиган, докато започне да пуши.

d) Чукнете яйцата в тигана и гответе, докато белтъците стегнат.

e) Отстранете тигана от огъня и оставете настрана за 3 минути. Поставете гъбите в чиния за сервиране.

f) Изрежете белтъците на яйцата и внимателно подредете жълтъците върху гъбите, като сервирате веднага.

6. Печете царевичен хляб на скара

Общо време за приготвяне: 15 минути

Общо време за готвене: 40 минути

Добив: 8 филийки

съставки

- 1 чаша царевично брашно

- 1 чаша брашно

- 2 чаени лъжички бакпулвер

- 3/4 чаени лъжички сол

- 1 чаша мляко

- 1/4 чаша растително масло

Упътвания

a) Смесете сухите съставки. Смесете млякото и растителното масло.

b) Изсипва се в намаслена тава.

c) Гответе докато средата стегне.

7. Печени ябълки, пълнени с гранола

Общо време за приготвяне: 15 мин

Общо време за готвене: 45 мин

Добив: 4 порции

съставки

- 1/2 чаша веган МЮСЛИ, домашно приготвена
- 2 супени лъжици кремообразно фъстъчено масло или бадемово масло
- 1 супена лъжица веган маргарин
- 1 супена лъжица чист кленов сироп
- 1/2 чаена лъжичка смляна канела
- Granny Smith или други твърди ябълки за печене
- 1 чаша ябълков сок

Упътвания

a) Загрейте грила до 350 градуса по Фаренхайт.

b) Оставете настрана тава, която е намаслена.

c) Комбинирайте гранолата, фъстъченото масло, маргарина, кленовия сироп и канелата в средна купа за смесване.

d) Нарежете ябълките наполовина и напълнете сместа от гранола във вдлъбнатините, като опаковате внимателно.

e) Обърнете ябълките в готовия тиган. Изсипете ябълковия сок върху ябълките и печете на скара за 1 час, или докато омекнат. Сервирайте горещ.

8. Авокадо и яйца на скара

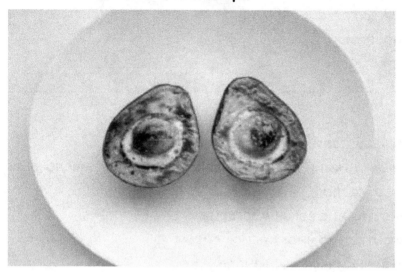

Общо време за приготвяне: 5 минути

Общо време за готвене: 12 минути

Добив: 4

Съставка s

- 2 авокадо, зрели

- 2 чаени лъжички зехтин

- 4 яйца

- 1 чаена лъжичка сол

- 1 щипка прясно смлян пипер

- Магданоз, за украса

Упътвания

a) Загрейте предварително грила за 10 минути на средно висока степен.

b) Нарежете всяко авокадо по дължина наполовина. Извадете ямата.

c) Намажете всяко авокадо със зехтин и го поставете върху скарата с лицето надолу. Покрийте.

d) След приблизително десет минути авокадото трябва да има отлични линии на скара.

e) Когато авокадото е прекрасно и изпечено, го поставете върху алуминиева тава.

f) Разбийте яйце в малка купа или чаша, извадете жълтъка с лъжица и го поставете в центъра на всяко авокадо.

g) Поставете алуминиевата тава върху скарата.

h) Гответе 12 минути или докато жълтъкът се стегне и сготви по ваш вкус. Поставете ги в чиния с шпатула и украсете с магданоз.

9. Пушени яйца

Общо време за приготвяне: 15 минути

Общо време за готвене: 1 час 30 минути

ВРЕМЕ ЗА ОХЛАЖДАНЕ: 15 минути

Добив: 12 яйца

Съставка s

- 12 яйца

Упътвания

a) Загрейте пушача до 325 градуса по Фаренхайт.

b) Гответе яйцата директно върху решетката на скара за 30 минути при затворен капак.

c) Извадете сварените яйца и веднага ги поставете в ледена баня. Охладете напълно и след това обелете.

d) Намалете топлината на вашия пушач до 175 градуса F.

e) Пушете най-малко 30 минути или до един час за по-силен аромат на дим.

f) Сервирайте яйцата обикновени, с подправка за барбекю или като пушени дяволски яйца.

10.   Яйце в хляб

Общо време за приготвяне: 1 мин

Общо време за готвене: 4 минути

Добив: 1

съставки

- 1 филия хляб, на човек

- 1 супена лъжица олио или масло

- 1 яйце, на човек

Упътвания

a) Изрежете дупка в центъра на хляба с форма за бисквити, чаша или форма за сладки.

b) Намажете с олио котлон или скара за барбекю и го загрейте на средна степен. На котлона се слага питката.

c) В дупката счупете яйцето.

d) Гответе 3 минути, или докато яйцето стане твърдо на дъното.

e) За да завършите готвенето, обърнете хляба с яйцето от другата страна за 2 минути.

f) Сервирайте.

11. Фонтина и зеленчуци на скара Обвивка за закуска

Общо време за приготвяне: 8 минути

Общо време за готвене: 13 минути

Добив: 2 порции

Съставка

- ½ чаша майонеза

- ¼ чаша нарязани листа босилек

- Сок от 1 лайм

- 1 тиквичка

- 1 Червен; жълта или оранжева чушка, нарязана на четвъртинки

- 2 резена червен лук

- Зехтин

- Сол и черен пипер

- 2 чаши настъргана маруля Ромен

- ½ паунда сирене Fontina; настърган

- 2 големи брашнени тортили

Упътвания

a) В малка купа смесете майонеза, босилек и сок от лайм.

b) Намажете зеленчуците със зехтин. Подправете със сол и черен пипер на вкус.

c) На средно загрята скара се нареждат зеленчуците.

d) Гответе още 2 до 3 минути на страна или докато видите следи от скара.

e) Намажете брашнените тортили с майонезената смес.

f) Поставете маруля върху тортила, след това отгоре поръсете сирене и зеленчуци на скара.

g) Навийте го и се наслаждавайте.

12. Зеленчуков киш на скара

Общо време за приготвяне: 1 час

Общо време за готвене: 1 до 2 часа

Добив: 6 порции

Съставка

- 1 Готова кора за баница

- 3 яйца

- 1 чаша лек крем

- $\frac{1}{2}$ чаша Тежка сметана

- $\frac{1}{2}$ чаена лъжичка сол

- $\frac{1}{2}$ чаена лъжичка пипер

- $\frac{1}{4}$ чаена лъжичка лют червен пипер

- $\frac{1}{4}$ чаена лъжичка индийско орехче

- 6 унции сирене Грюер; настърган

- $1\frac{1}{2}$ чаша зеленчуци на скара

Упътвания

a) Поръсете 4 унции сирене и зеленчуци на скара на дъното на неизпечената кора и поставете върху бисквитен лист със страни.

b) Разбийте заедно останалите съставки с изключение на сиренето.

c) Залейте със зеленчуците и сиренето и поръсете с останалото сирене.

d) Поставете на скара, малко далеч от директен огън.

e) Печете на грил за 35 до 45 минути или докато кишът бухне и стане златисто кафяв.

13.   Фокача на скара и зеленчуков сандвич за закуска

Общо време за приготвяне: 10 минути

Общо време за готвене: 10 минути

Добив: 1 порция

Съставка

- Хляб Фокача

- 1 среден патладжан, нарязан надлъжно

- 2 червени чушки, нарязани на четвъртинки

- 2 супени лъжици зехтин

- пресни листа от рукола или бейби салата

- майонеза от цели яйца

- Пармезан и босилек за гарнитура

Упътвания

a) Овкусете патладжана със сол; отцедете в цедка за половин час, след това изплакнете и подсушете.

b) Почистете червените чушки от семките и ги нарежете на четвъртинки.

c) Намажете зеленчуците със зехтин, преди да ги поставите върху скарата за сандвичи и да я затворите. Гответе, докато зеленчуците едва омекнат.

d) Наредете сандвича си с пресни листа от рукола или бейби салата, зеленчуци на скара и майонеза от цели яйца, овкусени с пресен босилек и чесън върху скарата за сандвичи.

е) Отгоре настържете малко пармезан.

14. Картофи за закуска на скара

Общо време за приготвяне: 5 минути

Общо време за готвене: 40 минути

Добив: 4 порции

съставки

- 5 чаши нарязани червени или златни картофи Yukon

- 1 глава жълт лук

- 2 супени лъжици смлян чесън

- 1 чаена лъжичка чесън на прах

- 1 чаена лъжичка морска сол

- $\frac{3}{4}$ чаена лъжичка стара дафинова подправка

- 1 червена чушка

- 3 супени лъжици зехтин

- 1 ч.л.червен пипер

- Щипка b липсва черен пипер

Упътвания

a) Загрейте фурната до 400 градуса по Фаренхайт.

b) Нарежете картофите, лука и чушката на ситно и добавете в голяма купа.

c) Разбъркайте със зехтин и смлян чесън, докато всичко се покрие добре.

d) Добавете подправките, солта и черния пипер и разбъркайте, докато се смесят добре.

e) Добавете в съд за печене или чугунен тиган и печете 30 минути. Не е необходимо да намазнявате тавата за печене, тъй като картофите са намаслени!

f) След 30 минути увеличете котлона до 425 по Фаренхайт и печете още 15-20 минути, за да помогнете на картофите да покафенеят и да сте сигурни, че средата е напълно сготвена и мека. Ще разберете, че са готови, когато могат лесно да се надупчат с вилица. Ако забележите, че върховете покафеняват твърде много, преди средата да е напълно изпечена, покрийте с фолио. Времето за печене ще варира в зависимост от това колко точно големи/малки сте нарязали картофите, така че ги следете!

g) Сервирайте с кетчуп, допълнителна сол, черен пипер, салата или други брънчове!

ПРЕДЯСТВА , ЗАКУСКИ И МЕЗЕТА

15. Запечени шишчета от тиквички

Общо време за приготвяне: 15 минути

Общо време за готвене: 15 минути

Добив: 1 порция

Съставка

- 1 голяма червена чушка, почистена от семките и нарязана

- 1 голяма чушка, почистена от семките и нарязана

- 1 глава сладък лук, нарязан на филийки

- 2 тиквички, дебело сегментирани

- 2 супени лъжици зехтин

- 2 скилидки чесън, обелени и счукани

Упътвания

a) Почистете семената и нарежете чушките на парчета, след което комбинирайте с резенчетата сладък лук и тиквичките в чиния за сервиране.

b) Добавете зехтина и счукания чесън и разбъркайте, за да се комбинират.

c) Нанижете съставките на шишчета и гответе 10-15 минути на скара или докато зеленчуците омекнат.

16.   Градина на шиш

Общо време за приготвяне: 10 минути

Общо време за готвене: 10 минути

Добив: 6 порции

Съставка

- 1 голямо ухо царевица; люспите се изваждат , нарязват се на 2-инчови парчета

- 12 големи шапки от гъби

- 1 умерена червена чушка; нарязани на 1-инчови парчета

- 1 малка тиквичка; необелени, нарязани на 2-инчови парчета

- 12 чери домати

Сос за заливане

- ½ чаша лимонов сок

- 2 супени лъжици сухо бяло вино

- 1 супена лъжица зехтин

- 1 чаена лъжичка кимион

- 2 чаени лъжички пресен лук

- 1 чаена лъжичка пресен магданоз

- Прясно смлян пипер; да опитам

Упътвания

a) Загрейте предварително скарата отвън и поставете намаслена решетка на 6 инча над източника на топлина. Настройте котлона на газов грил на средна.

b) Накиснете 6 дървени шишчета за кебап в топла вода за 15 минути, ако ги използвате. Това предпазва кебабите от запалване на шишовете, докато се пекат.

c) Поставете зеленчуците на шишчета.

d) За да направите соса за заливка, смесете съставките за заливката.

e) Печете зеленчуковите кебаби на скара за общо 15 до 20 минути, като поливате често със соса, докато леко се овъглят.

17.   Шишчета халуми

Общо време: 45 минути

Добив: 1 порция

Съставка

- 250 грама халуми, нарязан на малки хапки

- 500 грама Малък; млади картофи; варени

- Сол и черен пипер

- Зехтин

- Шишчета за барбекю

- 2 супени лъжици зехтин

- 4 супени лъжици бял винен оцет

- Лимонови кори

- Няколко зелени маслини; нарязани на ситно

- Щипка Смлян кориандър

- Пресни листа от кориандър; разкъсана

- 1 скилидка чесън; смачкан

- 1 супена лъжица пълнозърнеста горчица

- Сол и черен пипер

- 50 грама салата от пресни билки

Упътвания

a) Нанижете последователно парчета халуми и картофи на шишчета.

b) Полейте със зехтин и овкусете със сол и черен пипер.

c) Печете на скара, докато шишчетата се сварят напълно.

d) Междувременно комбинирайте всички съставки за дресинга в буркан.

e) Поставете шишчетата върху салата от пресни билки и ги полейте с дресинга.

18.   Нарязани на шишчета червени картофи

Общо време за приготвяне: 20 минути

Общо време за готвене: 20 минути

Добив: 6 порции

Съставка

- 2 килограма червени картофи

- ½ чаша вода

- ½ чаша майонеза

- ¼ чаша бульон

- 2 супени лъжици сух риган

- ½ чаена лъжичка чесън на прах

- ½ чаена лъжичка лук на прах

Упътвания

a) Поставете картофите в подходящ за микровълнова фурна съд.

b) Покрийте и загрейте в микровълновата за 12-14 минути на висока температура.

c) В купа за смесване комбинирайте останалите съставки; добавете картофите и охладете за 1 час.

d) Отцедете марината.

e) Нанижете картофите на метални шишчета или бамбукови шишчета, напоени с вода.

f) Гответе 4 минути на умерен огън, без капак, след това обърнете, намажете с останалата марината и печете на скара за още 4 минути.

19.   Зеленчукови шишчета на скара с моп сос

Общо време за приготвяне: 15 минути

Общо време за готвене: 15 минути

Добив: 4 порции

съставки
Моп сос
- 1/2 чаша силно черно кафе
- 1/4 чаша соев сос
- 1/2 чаша кетчуп
- 2 супени лъжици зехтин
- 1 чаена лъжичка лют сос
- 1 чаена лъжичка захар
- 1/4 чаена лъжичка сол
- 1/4 чаена лъжичка прясно смлян черен пипер

Зеленчуци
- 1 голяма червена или жълта чушка, нарязана на 11/2-инчови парчета
- 2 малки тиквички, нарязани на 1-инчови парчета
- 8 унции пресни малки бели гъби, леко изплакнати и подсушени
- 6 умерени лука шалот, разполовени по дължина
- 12 зрели чери домати

Упътвания

a) Смесете кафето, соевия сос, кетчупа, олиото, лютия сос, захарта, солта и черния пипер в малка тенджера. Гответе 20 минути на ниска температура.

b) Наредете чушката, тиквичките, гъбите, шалота и чери доматите на шишчета в плитка тава за печене.

c) Изсипете половината от моп соса върху нарязаните зеленчуци и оставете да се мариноват за 20 минути на стайна температура.

d) Поставете шишовете директно върху източника на топлина на скарата.

e) Печете на скара, докато зеленчуците покафенеят и станат омекнали, общо 10 минути, като обърнете веднъж по средата.

f) Прехвърлете в чиния и поръсете всичко с останалия сос. Сервирайте веднага.

20.   Зеленчукови шишчета на скара

Общо време за приготвяне: 20 минути

Общо време за готвене: 20 минути

Добив: 4 порции

съставки

- 1 чаша едро нарязан пресен магданоз

- 1 чаша едро нарязан на кубчета пресен кориандър

- 3 скилидки чесън, счукани

- 1/2 чаена лъжичка смлян кориандър

- 1/2 чаена лъжичка смлян кимион

- 1/2 чаена лъжичка сладък червен пипер

- 1/2 чаена лъжичка сол

- 1/4 чаена лъжичка смлян кайен

- 3 супени лъжици пресен лимонов сок

- 1/3 чаша зехтин

- 1 умерена червена чушка, нарязана по дължина на 11/2-инчови квадрати

- 1 малък патладжан, нарязан на 1-инчови парчета

- 1 умерена тиквичка, нарязана на 1-инчови парчета

- 12 бели гъби, леко изплакнати и подсушени

- 12 зрели чери домати

Упътвания

a) Комбинирайте магданоза, кориандъра и чесъна в миксер или кухненски робот и обработете до фино смилане.

b) Комбинирайте кориандъра, кимиона, червения пипер, солта, лютия червен пипер, лимоновия сок и олиото в купа за смесване. Обработвайте до пълно гладкост. Преместете в малка купа.

c) Загрейте скарата.

d) С помощта на шишове нанижете чушката, патладжана, тиквичките и гъбите.

e) Половината от соса Чермула се изсипва върху нарязаните зеленчуци и се оставя да се маринова за 20 минути на стайна температура.

f) Поставете нарязаните на шиш зеленчуци директно върху източника на топлина върху загрятата скара.

g) Печете на скара, докато зеленчуците покафенеят и станат омекнали, общо 10 минути, като обърнете веднъж по средата.

h) Прехвърлете в чиния и поръсете всичко с останалия сос. Сервирайте веднага.

21.   Полента на скара

Общо време за приготвяне: 15 мин

Общо време за готвене: 15 мин

Добив: 8 порции

Съставка

- 2 супени лъжици зехтин екстра върджин

- ½ среден размер червен лук; нарязани на ситно

- 2 скилидки чесън; нарязани на ситно

- 2 чаши бульон; за предпочитане домашно

- 2 чаши вода

- 1 чаена лъжичка едра морска сол

- 1 чаша полента или едро смляно жълто царевично брашно

- ¼ чаена лъжичка черен пипер; Прясно смлян

- ⅓ чаша сирене Cotija; Прясно настърган

- 2 супени лъжици несолено масло

- Зехтин; за четкане

Упътвания

a) Загрейте зехтина в голяма тежка тенджера на слаб огън. Запържете лука за около 3 минути и след това добавете чесъна.

b) Оставете бульона, водата и солта да заври на силен огън, като разбърквате от време на време.

c) Намалете котлона до минимум и след като течността заври, бавно добавете полентата на тънка струйка, като бъркате непрекъснато.

d) Намалете топлината до много ниска степен. Преминете към дървена лопатка и разбърквайте енергично на всеки 1 или 2 минути в продължение на 25 до 30 минути, или докато зърната на полентата омекнат и сместа се отдръпне от краищата на тигана. Добавете черния пипер, котията и маслото и разбъркайте добре.

e) С вода изплакнете и подсушете тава за печене 8 x 12 инча. Насипете полентата в тавата и я разпределете равномерно в тавата с гумена шпатула, потопена в много гореща вода.

f) Оставете настрана за 1 час на стайна температура или до 24 часа в хладилник, покрит с кърпа.

g) Намажете тигана с олио. Намажете полентата със зехтин и я нарежете на 8 равни квадрата.

h) Прехвърлете квадратите в грил тигана и гответе по 8 минути от всяка страна или до златисто кафяво.

22. Барбекю Снек хрупка

Общо време за приготвяне: 10 минути

Общо време за готвене: 45 минути

Добив: 18 порции

Съставка

- 3 супени лъжици маргарин или масло; разтопен
- $\frac{1}{4}$ чаша барбекю сос
- $\frac{3}{4}$ чаена лъжичка чеснова сол
- $\frac{1}{4}$ чаена лъжичка подправка за барбекю
- 7 чаши зърнени храни Quaker¨ Oat Life
- 1 чаша гевреци
- 1 чаша сушени фъстъци на скара

Упътвания

a) Загрейте грила до 250 градуса по Фаренхайт.

b) Поставете зърнени храни, гевреци и бадеми в 15 x 10-инчова тава за желирани рула.

c) Разтопете маргарина в малък тиган на слаб огън. Разбъркайте соса за барбекю, чесновата сол и подправката за барбекю за 3-5 минути или докато леко се сгъсти.

d) Изсипете равномерно барбекю соса върху зърнените храни. Разбъркайте, за да се покрие всичко равномерно.

е) Печете на грил за 1 час, като разбърквате на всеки 20 минути.

23.   Бисквитки за предястие със сирене

Общо време за приготвяне: 10 минути

Общо време за готвене: 14 минути

Добив: 1 порция

Съставка

- 1 чаша настъргано остро сирене чедър.

- ½ чаша майонеза или омекотено масло

- 1 чаша универсално брашно

- ½ чаена лъжичка сол

- 1 щипка смлян червен пипер

Упътвания

a) Напълнете мерителната чаша до половината с брашно.

b) Комбинирайте сирене, маргарин, брашно, сол и червен пипер в средно голяма чиния.

c) Приберете в хладилник за 1 час.

d) Направете 1-инчови топки от тестото.

e) Върху ненамазнена тава сложете топките на 2 инча едно от друго.

f) Разравнете с вилица.

g) Печете на грил за 10–12 минути и сервирайте веднага.

24. Бейгъл снакс чипс

Общо време за приготвяне: 20 минути

Общо време за готвене: 5 минути

Добив: 6 порции

Съставка

- 6 обикновени франзели
- 6 супени лъжици масло; омекнал
- 3 супени лъжици чесън, смлян

Упътвания

a) Поставете геврек върху дъската за рязане, за да го сегментирате.

b) Разрежете франзелата наполовина вертикално с назъбен нож. Поставете половинките с разрязаната страна надолу върху дъската за рязане. Нарежете половинките на тънки сегменти с дебелина 14 инча.

c) Поставете върху скара.

d) Комбинирайте маслото и чесъна в малка чиния и разпределете върху сегментите на франзелата.

e) Печете на скара, докато върховете на сегментите леко покафенеят. Оставете да се охлади върху решетка.

25.   Смес за гризане на барбекю

Общо време за приготвяне: 20 мин

Общо време за готвене: 1 час

Добив: 7 порции

Съставка

- 1 чаша Cheerios

- 1 чаша настъргана пшеница с размер на лъжица

- 1 чаша Corn Chex или царевични трици

- 1 чаша гевреци

- ½ чаша сушени фъстъци на скара

- ½ чаша слънчогледови семки

- 1 супена лъжица масло или маргарин

- 1 супена лъжица сос Worcestershire

- 1 чаена лъжичка чили на прах

- 1 чаена лъжичка смлян риган

- 1 чаена лъжичка червен пипер

- 1 чаена лъжичка сос Табаско; или на вкус

- ½ чаша царевични зърна или царевични хапки

- 1 чаша Сусамови пръчици с ниско съдържание на мазнини

Упътвания

a) Загрейте грила до 350 градуса.

b) В голяма купа за смесване комбинирайте зърнени храни, гевреци, бадеми и семена.

c) В малка чиния смесете масло, Уорчестършир, чили на прах, риган, червен пипер и Табаско. Изсипете соса върху зърнената смес и разбъркайте добре.

d) Разстелете върху тиган и гответе 15 минути, като разбърквате два пъти. Оставете да изстине.

e) Комбинирайте с царевичните зърна и сусамовите пръчици и сервирайте.

26.   ядки за барбекю

Общо време за приготвяне: 5 минути

Общо време за готвене: 25 минути

Добив: 8

Съставка

- 1 килограм сурови бадеми

- 1 килограм сурови фибери

- 3 супени лъжици Тамари

- 1 супена лъжица смлени chipotles

- 1 чаена лъжичка сол

Упътвания

a) Ядките се овкусяват със сол и подправка чипотле.

b) Намажете тавата за печене и поставете ядките на един слой.

c) Пуши се 30 минути при 300 градуса, като се разбърква на всеки 15 минути.

d) Оставете да се охлади напълно, за да постигнете хрупкава текстура.

27.   S'mores на скара

Общо време за приготвяне: 10 мин

Общо време за готвене: 10 мин

Добив: 4 порции

съставки

- Шепа крекери Греъм

- Шепа бонбони с мляко или черен шоколад

- Шепа М и М

- Шепа чаши с фъстъчено масло

- Шепа шоколад

- Шепа маршмелоу

Упътвания

a) Загрейте скарата на средна степен.

b) Върху равна повърхност поставете парче фолио с размери 10 на 12 инча.

c) Натрошете крекер грахам и го поставете върху фолиото.

d) Поставете избраните от вас бонбони върху крекера Graham, след което покрийте с маршмелоу по ваш избор.

e) Увийте леко във фолио и отгоре поръсете с останалите трохи от крекера Греъм.

f) Загрейте за 2 до 3 минути на скара или докато блатът се разтопи.

28.   Сморис от черен пипер

Общо време за приготвяне 2 минути

Общо време за готвене 3 минути

Добив: 6 порции

Съставка

- 6 цели чушки на скара; обелени

- $\frac{1}{2}$ килограм прясна моцарела

- 1 връзка розмарин

- едра сол; да опитам

- Прясно смлян черен пипер; да опитам

- 3 супени лъжици зехтин

Упътвания

a) Във всяка чушка поставете парче сирене.

b) Добавете малко стръкче розмарин, сол, черен пипер и 1/2 чаена лъжичка зехтин за финал. Затворете горната част на всяка чушка с нарязаната част.

c) Загрейте грила на средно висока температура.

d) Поставете чушките на скара и гответе по 2 минути от всяка страна, като ги въртите с щипки, докато сиренето се разтопи. Свалете от огъня и поставете в чиния за сервиране.

e) Полейте със зехтин, подправете със сол и черен пипер и отгоре поставете стрък розмарин. Сервирайте веднага.

29.   Гриловани кръгчета домат и сирене

Общо време: 30 минути

Добив: 4 порции

Съставка

- 4 сегмента Хляб, бял
- 1 голям домат, избърсан и нарязан на сегменти
- 4 сегмента кръгчета козе сирене по 2 унции всеки

Дресинг

- 2 супени лъжици зехтин
- 2 супени лъжици лимонов сок
- 1 чаена лъжичка оцет, балсамов
- Сол и прясно смлян черен пипер
- Избор на листа от салата

Упътвания

a) Загрейте скарата.

b) Изрежете четири кръга от сегментите хляб с 3-инчов кръгъл метален нож, след това препечете в умерена фурна за 1-2 минути или до златисто кафяво.

c) Отгоре кръгчетата тост сложете кръгчетата домат и козе сирене и загрейте за още 4-5 минути, докато станат златисти.

d) Комбинирайте съставките за дресинга, след което подредете печените кръгчета козе сирене върху листа от маруля в чинии за сервиране.

е)   Поръсете дресинга отгоре и сервирайте веднага.

30.   Сегменти синьо сирене на скара

Общо време: 30 мин

Добив: 8 сегмента

Съставка

- $\frac{1}{4}$ чаша маргарин или омекотено масло
- $\frac{1}{4}$ чаша натрошено синьо сирене
- 2 супени лъжици настърган пармезан
- $\frac{1}{2}$ Френски хляб, нарязан хоризонтално

Упътвания

a) Комбинирайте маргарина и сирената.

b) Разстелете сместа със сирене от едната нарязана страна.

c) Увийте стегнато в алуминиево фолио.

d) Печете хляба на скара за 6 минути, като завъртите веднъж, на 5 до 6 инча от умерени въглища.

31. Брускета със сирене на скара

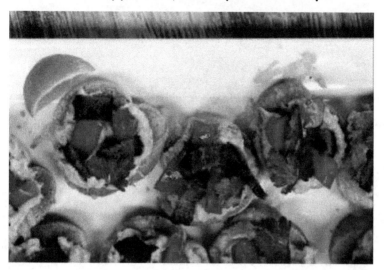

Общо време за приготвяне: 15 минути

Общо време за готвене: 15 минути

Добив: 4 порции

Съставка

- 8 дебели парчета хляб
- $\frac{1}{4}$ чаша зехтин
- 5 скилидки счукан чесън
- 1 чаша сирене Monterey Jack
- 8 унции меко козе сирене
- 2 супени лъжици черен пипер
- 2 супени лъжици риган

Упътвания

a) Намажете чесновото масло върху всяка част от хляба.
b) Печете на скара до меко златисто кафяво, с маслото надолу.
c) Покрийте всяка секция с 2 супени лъжици Monterey Jack, 1 унция козе сирене, черен пипер и риган преди сервиране.
d) Печете на скара, докато сиренето започне да се топи.

ПРОСТИ ЗЕЛЕНЧУЦИ

32.   Шийтаке с уиски и мисо марината

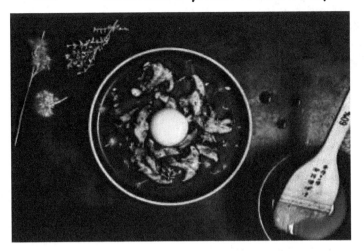

Общо време за приготвяне: 10 минути

Общо време за готвене: 3 минути

Добив: 6

съставки

- 600 г шийтаке

- Марината от уиски и мисо

- 4 супени лъжици уиски

- 4 супени лъжици рапично масло

- 2 супени лъжици тъмно мисо

- 2 супени лъжици тамари

- сок от $\frac{1}{2}$ лайм

- 1 супена лъжица тръстикова захар

- 1 скилидка чесън

- 1 чаена лъжичка сусамово масло

Да служа

- 6 жълтъка

- морска сол на люспи

Упътвания

a) С помощта на кухненски робот смесете всички съставки за марината.

b) Почистете и нарежете гъбите на дебели филийки. Намажете ги с марината и ги поставете върху хартия за печене.

c) Загрейте скарата.

d) Изпечете гъбите на грил, като ги обърнете и ги намажете с допълнителна марината, ако е необходимо. Гъбите са готови, когато придобият прекрасен карамелизиран златисто-кафяв цвят.

e) Поставете гъбите в чиния. В центъра на чинията поставете яйчен жълтък и украсете с мащерка, люспи морска сол и листенца от метличина.

33. Маринован в бира патладжан с шийтаке

Общо време за приготвяне: 10 минути

Общо време за готвене: 25 минути

Добив: 6

съставки

Маринован в бира патладжан

- 3 големи патладжана

- 330 мл бира

- 2 скилидки чесън, леко счукани

- 2 супени лъжици малцов оцет

- 2 чаени лъжички сол

Доматен сос

- 6 големи домата

- 2 супени лъжици зехтин

- 2 малки глави жълт лук, нарязани на ситно

- 1 супена лъжица доматено пюре

- 1 супена лъжица бял винен оцет

- 1 супена лъжица стрит на прах морски зърнастец

- 100 мл гъбен бульон

- Шийтаке, хвърлен в масло

- 2 супени лъжици рапично масло

- 300 г шийтаке

- 2 супени лъжици несолено масло

- 1 супена лъжица уиски

- сол

Да служа

- 2-3 стръка кориандър

Упътвания

a) В найлонов плик комбинирайте маринованите съставки, след което добавете резените патладжан.

b) Охладете за 7-8 часа.

c) Разполовете и настържете на ситно доматите в купа.

d) В средно голям тиган загрейте зехтина и леко запържете лука.

e) Повишете леко температурата след добавяне на доматеното пюре.

f) Налейте оцета, праха от морски зърнастец, гъбения бульон и настърганите домати. Намалете котлона до минимум, подправете със сол на вкус и гответе 20-30 минути.

g) Извадете маринованите резени патладжан и ги изпечете на скара, докато получат коричка и плътен цвят.

h) В тиган загрейте маслото от канола, докато започне да пуши. Добавете гъбите и гответе, докато започнат да покафеняват. Намалете котлона до минимум и добавете маслото.

i) Сервирайте в плато или в купа. Изсипете малко доматен сос върху резените патладжан, след което наредете с гъбите и кориандъра.

34. Аспержи на скара с бурата, яйчен жълтък и сос от кумкуат

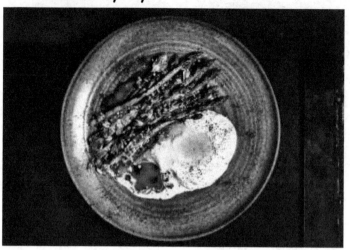

Общо време за приготвяне: 10 минути

Общо време за готвене: 5 минути

Добив: 6

съставки

- 1 кг аспержи

- 2 супени лъжици рапично масло

- сос кумкуат

- 12 кумкуата, нарязани

- 2 супени лъжици настъргана куркума

- 1 шушулка ванилия, разцепена надлъжно

- 3-звезден анасон

- 100 мл мед

- 300 мл вода

Да служа

- 6 бурата топки

- 6 жълтъка

- 6 супени лъжици печена елда

- 6 супени лъжици праз пепел

Упътвания

a) В тенджера на силен огън оставете всички съставки да врят за 10 минути.

b) С помощта на цедка прецедете соса в купа.

c) Комбинирайте нарязаните аспержи с маслото от канола в купа.

d) Поставете аспержите на скара. Разточете ги напред-назад за 5 минути, като внимавате да не изгорят. След като леко почернеят ги свалете от скарата.

e) Разкъсайте топка бурата наполовина с ръцете си. Поставя се в поднос и се оставя настрана да се отцеди от крема. Поставете купчина аспержи до него, намажете отгоре с яйчен жълтък, след което нарежете бурата, докато жълтъкът изтече.

f) Полейте отгоре 3-4 супени лъжици сос от кумкуат.

35. Източна саламура със зеленчуци на скара

Общо време за приготвяне: 10 минути

Общо време за готвене: 2 часа

Добив: 2 1/2 чаши

Съставка

- 6 скилидки чесън; кайма

- 2 супени лъжици джинджифил; кайма

- 2 липа

- ½ чаша листа от мента; на кубчета

- ½ чаша кориандър; на кубчета

- ½ чаша босилек; на кубчета

- 3 зелен лук; кайма

- 8 люти чушки Серано; кайма

- ½ чаша зехтин

- ½ чаша шери; суха

- ¼ чаша сос от стриди

- ¼ чаша соев сос

- ¼ чаша мед

- 1 супена лъжица чили сос

Упътвания

a) Извадете и настържете кората на лайма и сока от лайм.

b) Смесете съставките и мариновайте.

c) Печете на скара за 2 часа, като завъртите от време на време и намажете със саламура.

36.   Карфиол на скара с гремолата

Общо време за приготвяне: 20 минути

Общо време за готвене: 30 минути

Добив: 6

съставки

- 2 глави карфиол

- 100 мл рапично масло

- 150 г несолено масло

- сол

- Гремолата

- 6 супени лъжици ситно нарязани листа магданоз

- 2 супени лъжици кедрови ядки, препечени

- 1 супена лъжица ситно нарязан зелен чили

- 1 супена лъжица ситно нарязан чесън

- 1 лимон с фина кора

- морска сол на люспи

- 90 г бяло френско грозде

Упътвания

а) Поставете малко по-малък лист пергамент за печене върху малко по-голям лист кухненско фолио, за да направите опаковка, в която да приготвите карфиола.

b) В съд за смесване комбинирайте всички съставки на гремолата.

c) Намажете леко всяко резенче карфиол с масло от двете страни.

d) Поставете ги върху хартия за печене, намажете ги с масло и ги овкусете със сол. Скара.

e) Сгънете в запечатан пакет и го поставете обратно на скарата – за предпочитане на по-слабо нагрято място – преди да затворите капака.

f) След 30 минути отворете опаковката и проверете дали карфиолът е придобил разкошен златисто-кафяв цвят.

g) Поставете по един резен карфиол върху всяка чиния, след което наредете с голяма супена лъжица гремолата и бялото френско грозде.

37. Грах и пресен лук на скара с бобови кълнове

Общо време за приготвяне: 5 минути

Общо време за готвене: 20 минути

Добив: 6

съставки

- 12 малки пресни глави лук

- 3 супени лъжици зехтин

- 1 кг грах в шушулки

- 125 г бобови кълнове

- 10 г нарязани листа от мента

- морска сол на люспи

Упътвания

a) Разцепете пролетния лук по дължина, като запазите възможно най-много листа.

b) Намажете с олио отрязаните краища на младия лук.

c) Поставете пресния лук на скара и гответе за 10 минути, или докато започне да омекне и придобие цвят.

d) Обърнете ги и гответе още 5 минути от другата страна. Заделете пресния лук в голяма чиния за смесване.

e) Поставете граха в шушулките му на скара и гответе, докато шушулките започнат да почерняват, 5 минути. Оставете още 5 минути, след като ги обърнете.

f) Извадете граха от шушулките, когато е достатъчно студен
    и го поставете в купата с пресния лук.

g) Изсипете останалото масло в купата, последвано от
    бобовите кълнове и ментата.

h) Подправете със сол и разбъркайте, докато всичко стане
    въздушно – в идеалния случай с ръце.

38.   Шийтаке на скара на дървени въглища

Общо време: 10 минути

Добив: 4 порции

Съставка s

- 8 унции шийтаке, измити и изхвърлени стъблата

- 1 супена лъжица зехтин

- 1 супена лъжица Тамари

- 1 супена лъжица чесън, счукан

- 1 чаена лъжичка розмарин, смлян

- Сол и черен пипер

- 1 чаена лъжичка кленов сироп

- 1 чаена лъжичка сусамово масло

- Едамаме

Упътвания

a) Мариновайте гъбите за 5 минути с останалите съставки.

b) Изпечете шапките върху жарта, докато се запекат леко.

c) Отгоре намажете с едамаме.

39.   Конфети зеленчуци на скара

Общо време: 20 минути

Добив: 4 порции

Съставка s

- 8 чери домати; - наполовина, до 10

- 1½ чаша царевица, нарязана от кочана

- 1 сладък червен пипер; жулиени

- ½ умерен зелен пипер; жулиени

- 1 малка глава лук; Сегментиран

- 1 супена лъжица листа пресен босилек; на кубчета

- ¼ чаена лъжичка настъргана лимонова кора

- Сол и черен пипер; да опитам

- 1 супена лъжица + 1 чаена лъжичка несолено масло или; маргарин; врязвам се

Упътвания

a) В голяма купа за смесване комбинирайте всички съставки с изключение на маслото; разбъркайте внимателно, за да се комбинират.

b) Поставете всяка половина в центъра на плътен лист от алуминиево фолио.

c) Намажете зеленчуците с масло.

d) Съберете ъглите на фолиото и ги завъртете, за да се запечатат.

e) Печете пакетчета фолио за 15 до 20 минути върху умерено горещи въглища или докато зеленчуците се сварят.

f) Сервирайте веднага.

40. **Есенни зеленчуци на скара**

Общо време за приготвяне: 20 минути

Общо време за готвене: 30 минути

Добив: 1 порция

Съставка s

- 2 картофа за печене, обелени и нарязани на кубчета

- 2 сладки картофа, обелени и нарязани на кубчета

- 1 тиква от жълъд, обелена и нарязана на кубчета

- $\frac{1}{4}$ чаша масло; разтопен

- 3 супени лъжици растително масло

- 1 супена лъжица мащерка

- Сол и черен пипер на вкус

Упътвания

a) Подгответе скарата за индиректно печене.

b) Комбинирайте зеленчуци, масло, сол и черен пипер в купа за смесване.

c) В малка чиния смесете маслото и мащерката.

d) Поставете зеленчуците на скара.

e) Гответе 15 минути със затворен капак.

f) Обърнете, намажете със сместа от масло и мащерка и гответе още 15 минути, докато зеленчуците омекнат.

41.   Тиква от жълъди и аспержи на скара

Общо време за приготвяне: 10 мин

Общо време за готвене: 25 мин

Добив: 1 порция

съставки

- 4 тикви от жълъди

- Сол; да опитам

- Пипер; да опитам

- 4 стръка розмарин

- 4 супени лъжици лук; кайма

- 4 супени лъжици целина; кайма

- 4 супени лъжици моркови; кайма

- 4 супени лъжици зехтин

- 2 чаши зеленчуков бульон

- 1 килограм киноа; измит

- 2 килограма пресни диви гъби

- 2 килограма аспержи

Упътвания

a) Натрийте сол, черен пипер, олио и розмарин от цялата вътрешност на жълъдовата тиква.

b) Печете на грил за 8 минути, с лицето надолу.

c) Обърнете, гответе 20 минути, покрити, с розмарин вътре.

d) Сварете заедно лука, целината, морковите и 1 супена лъжица зехтин в тенджера.

e) Добавете бульона и киноата и оставете да заври. Оставете да къкри 10 минути при напълно затворен капак. Открийте тиквата и я напълнете със сместа от киноа. Гответе още десет минути.

f) Хвърлете гъбите и аспержите с леко покритие от зехтин, сол и черен пипер.

g) Печете на грил за 3 минути от всяка страна.

h) Сервирайте тиква с киноа вътре и разпръснати аспержи и гъби.

42.   Патладжан с пушени домати и кедрови ядки

Общо време за приготвяне: 30 минути

Общо време за готвене: 30 минути

Добив: 6

съставки

- 6 средни патладжана

- 3 лимона

- 400 мл вода

- 1 чаена лъжичка сол

- 2-3 скилидки чесън, счукани

- 1 стрък магданоз

- 1 клонка ловеч

- 1 чаена лъжичка черен пипер на зърна

- 1 чаена лъжичка семена от кориандър

- 12 пушени домати

- 2 унции кедрови ядки, препечени

- 1 стрък магданоз

Упътвания

a) След като пробиете патладжаните на няколко места, ги поставете директно върху горещите въглища.

b) Печете патладжаните за 15 минути, или докато кожата се изпече и месото омекне.

c) Нарежете лимоните наполовина и ги гответе с разрязаната страна надолу, докато се оцветят.

d) След като патладжаните се охладят, обелете ги, като се уверите, че сте отстранили цялата овъглена кожа.

e) В тенджера сложете водата и солта да заври. Махнете тигана от котлона. Сега трябва да се добавят чесън, магданоз, ловец, черен пипер и кориандър.

f) Добавете останалата течност от патладжана и пушената мазнина от доматите.

g) Поставете резен патладжан и два пушени домата върху всяка чиния. Добавете една супена лъжица кедрови ядки на върха. Отгоре добавете малко бульон, половин лимон и листенца магданоз.

43.   Печено червено цвекло с фета и дука

Общо време за приготвяне: 20 минути

Общо време за готвене: 1 час

Добив: 6

съставки

- 6 малки червени цвекло

- 6 филийки хляб с квас

- несолено масло

- 2 унции фета, за предпочитане направена с козе мляко

- 6 супени лъжици Дука

- пресни смесени билки, напр. риган, магданоз, шисо и босилек

- морска сол на люспи

Упътвания

a) Вземете цвеклото и го поставете върху свободната от дървени въглища страна на скарата.

b) Затворете капака и печете 1 час на непряк огън, докато цвеклото омекне при леко натискане.

c) След като цвеклото е достатъчно охладено, за да се справите, без да се изгорите, обелете го.

d) Намажете парчетата хляб с масло, след това ги изпечете бързо от едната страна без масло, след това ги обърнете и загрейте, докато се появят ясни ивици на скара.

e) Нарежете цвеклото и отгоре го поръсете с фета. Поставете ги на скара за няколко минути, за да се разтопи сиренето.

f) Поставете няколко резена цвекло с фета върху всяка филийка препечен хляб, отгоре намажете с дука, билки и люспи морска сол и сервирайте.

44.   Зеленчуци на скара в саламура

Общо време за приготвяне: 15 минути

Общо време за готвене: 1 час

Добив: 6 порции

Съставка

- 2 чаши екстра върджин зехтин

- ½ чаша балсамов оцет

- 2 супени лъжици смлян шалот

- 1 супена лъжица каша от смлян чесън

- ½ чаша шифонада от босилек

- 1 глава радичио; четвъртити

- 2 креолски домата; Сегментиран с дебелина 1/4

- 1 глава червен лук; Сегментирани 1/4 пръстени

- 1 тиквичка; Сегментиран с дебелина 1/4

- 2 чаши Асорти от диви гъби

- 1 жълта тиква; Сегментиран с дебелина 1/4

- ½ килограма аспержи; бланширани

- 1 сол; да опитам

- 1 прясно смлян черен пипер; да опитам

Упътвания

a) Загрейте скарата. Овкусете зеленчуците с 2 супени лъжици зехтин, сол и черен пипер.

b) Поставете всички зеленчуци на скара (с изключение на гъбите) и запечете за 2 минути от всяка страна.

c) В съд за смесване разбийте заедно зехтина, оцета, шалота, чесъна и босилека. Подправете саламурата със сол и черен пипер.

d) Извадете зеленчуците от скарата. В стъклен съд за суфле редувайте различните зеленчуци. Изсипете саламурата върху зеленчуците и оставете да се мариноват за 12 часа или цяла нощ.

45. Чимичури зеленчуци на скара

Общо време за приготвяне: 30 минути

Общо време за готвене: 15 минути

Добив 4 порции

съставки

- 2 умерени шалот, нарязани на четвъртинки

- 3 скилидки чесън, счукани

- 1/3 чаша листа пресен магданоз

- 1/4 чаша листа пресен босилек

- 2 супени лъжици прясна мащерка

- 1/2 чаена лъжичка сол

- 1/4 чаена лъжичка прясно смлян черен пипер

- 2 супени лъжици пресен лимонов сок

- 1/2 чаша зехтин

- 1 умерено голяма глава червен лук, разполовена по дължина, след това на четвъртинки

- 1 умерен сладък картоф, обелен и нарязан на 1/2-инчови сегменти

- 1 малка тиквичка, нарязана диагонално на сегменти с дебелина 1/2 инча

- 2 зрели живовляка, разполовени по дължина, след това разполовени хоризонтално

Упътвания

a) Загрейте скарата.

b) Смесете шалота и чесъна в миксер или кухненски робот до фино смилане.

c) Разбийте, докато магданозът, босилекът, мащерката, солта и черният пипер станат фино смлени. Обработвайте, докато лимоновият сок и зехтинът се смесят добре. Преместете в малка купа.

d) Намажете зеленчуците със соса Чимичури.

e) Сложете ги на скара да се пекат.

f) Продължете да печете на скара, докато зеленчуците омекнат, 10 до 15 минути за всичко с изключение на живовляка, което трябва да стане за 7 минути.

g) Сервирайте веднага с щипка от останалия сос.

ГАРНИТУРИ

46. Праз лук на скара с шампанско

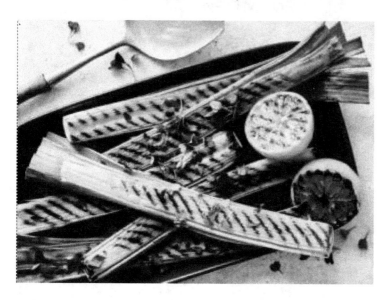

Общо време за приготвяне: 10 минути

Общо време за готвене: 23 минути

Добив: 4 порции

съставки

- 6 теча с умерен размер, подрязани

- 2 супени лъжици зехтин

- 1 чаша прясна мащерка; грубо нарязани на кубчета

- 2 чаши шампанско

- 1 чаша бульон

- 1 чаша натрошено сирене фета

- Сол и черен пипер; да опитам

Упътвания

a) Загрейте зехтина в голям тиган на среден огън.

b) Добавете мащерката към загрятото олио и разбийте за 1 минута. Запържете праза за 3 минути или докато леко покафенее от всички страни.

c) Добавете шампанското и бульона и гответе, докато празът омекне, около 8 минути. Извадете праза от тигана и го оставете настрана.

d) Задушете останалия сос в тигана, докато се редуцира наполовина.

e) Междувременно запечете праза на скара за 8 до 10 минути върху умерено горещ огън на дървени въглища, като завъртите няколко пъти.

f) Извадете праза от скарата и го разполовете по дължина.

g) Сервирайте веднага, като гарнирате всяка порция с фета и струйка редуциран сос.

47.   Свежи картофи на скара

Общо време за приготвяне: 10 минути

Общо време за готвене: 35 минути

Добив: 4 порции

съставки

- 3 червени картофа, всеки нарязан на 8 резени по дължина

- 1 лук, тънко сегментиран

- 2 супени лъжици зехтин

- 1 супена лъжица пресен магданоз, нарязан на кубчета

- $\frac{1}{2}$ чаена лъжичка чесън на прах

- $\frac{1}{2}$ чаена лъжичка сол

- $\frac{1}{2}$ чаена лъжичка едро смлян пипер

- 1 чаша настъргано сирене чедър или сирене Colby-jack

Упътвания

a) В голяма чиния смесете резените картофи, лука, олиото, магданоза, чесъна на прах, солта и черния пипер.

b) Поставете на един слой в тава с фолио. Покрийте с втора тава с фолио. Използвайте фолио, за да подсилите запечатания ръб на пакета.

c) Поставете върху скара на среден огън и гответе за 40 до 50 минути или докато омекне, като разклащате пакета от време на време и го завъртате с главата надолу по средата на печенето. Отстранете капака и отгоре намажете със сирене.

d) Гответе още 3 до 4 минути, покрити, докато сиренето се разтопи.

48. **Тиква и тиквички на скара**

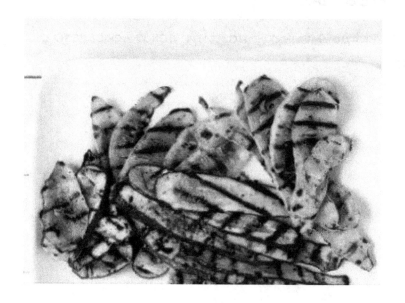

Общо време за приготвяне: 10 минути

Общо време за готвене: 15 минути

Добив: 4 порции

съставки

- $\frac{1}{4}$ чаша зехтин

- 1 супена лъжица смлян чесън

- $\frac{1}{4}$ чаша смлян пресен лют пипер

- 2 супени лъжици Комино семена

- Сол и черен пипер на вкус

- 2 умерени тиквички, нарязани по дължина

- 2 умерени летни тикви, нарязани

- $\frac{1}{4}$ чаша зехтин

- ⅓ чаша пресен сок от лайм

- 3 супени лъжици мед

- $\frac{1}{4}$ чаша Грубо нарязан на кубчета пресен кориандър

- Сол и черен пипер на вкус

Упътвания

a) За да направите дресинга, разбъркайте заедно всички съставки в малка чиния и оставете.

b) В средна купа за смесване комбинирайте зехтина, чесъна, лютия пипер и семената Комино. Разбъркайте добре дъските от тиква и тиквички, докато се покрият.

c) Загрейте предварително грила до средно висока степен и гответе тиквичките за около 3 минути от всяка страна или докато покафенеят напълно.

d) Извадете тиквичките от скарата, поставете ги в чиния и ги полейте с дресинга преди сервиране.

49. Бок Чой на скара

Общо време за приготвяне: 10 минути

Общо време за готвене: 15 минути

Добив: 6

Съставка s

- 2 глави бок чой

- $\frac{1}{4}$ чаша оризов винен оцет

- 1 супена лъжица чили сос

- Сол и черен пипер

- $\frac{3}{4}$ чаша растително масло

- 2 лука; на кубчета

- 2 супени лъжици сусам

Упътвания

a) В чиния смесете оцета, чили соса и солта и черния пипер.

b) Смесете с маслото. Добавете лука и сусама и разбъркайте добре.

c) Загрейте предварително грила и поставете парчетата бок чой за 2 до 5 минути, докато станат хрупкави и омекнали.

50.   Печени на дървени въглища моркови с бульон от ловека

Общо време за приготвяне: 15 минути

Общо време за готвене: 15 минути

Добив: 6

съставки

- 6 средни моркова, за предпочитане лилави

Бульон от лаваж

- 2 литра зеленчуков бульон

- 1 парче куркума, нарязана с кожата

- 1 чаена лъжичка черен пипер на зърна

- 1 чаена лъжичка семена от кориандър

- 1 чаена лъжичка съчуански пипер

- 1 супена лъжица бял винен оцет

- 1 клонка ловеч

- морска сол на люспи

Да служа

- любовник

- листенца магданоз

- кресон

- студено пресовано рапично масло

Упътвания

a) Сложете зеленчуковия бульон, куркумата, зърната черен пипер, семената от кориандър и съчуанския пипер да заври. Смесете ловека и оцета.

b) Разбъркайте няколко пъти, след това покрийте и оставете настрана за 20 минути. Прецедете и подправете със сол и черен пипер.

c) Напълнете скарата наполовина с дървени въглища или цепеници, за да можете да изпечете морковите по-късно на индиректна топлина. Запалете скарата и след като се загрее, поставете морковите директно върху въглищата, за да може външният слой да изгори. С помощта на щипки завъртете много пъти.

d) Вземете морковите и ги поставете върху свободната от дървени въглища страна на скарата. Затворете капака и печете 30 минути на непряк огън.

e) Нарежете морковите на филийки с дебелина 1 см.

f) Завършете с бульон и няколко капки ароматно, студено пресовано масло от рапица, след като наредите резенчетата моркови, билките и кресона.

51. **Аспержи на скара**

Общо време за приготвяне: 15 минути

Общо време за готвене: 3 минути

Добив: 4

съставки

- 1 връзка аспержи

- 1/2 чаша балсамов оцет

- Тире сол

Упътвания

a) Загрейте предварително скара, на газ или на дървени въглища.

b) Оставете 15-30 минути оцетът да попие в аспержите. Мариновайте за 1 час за оптимален вкус.

c) Бавно поставете аспержите върху горната решетка на скарата.

d) Гответе, докато стане хрупкав и красиво покафенен.

52.   Печени гъби Портобело

Общо време за приготвяне: 10 минути

Общо време за готвене: 6 минути

Добив: 4 порции

съставки

- 4 гъби Портобело

- 1/2 чаша червена чушка, нарязана

- 1 скилидка чесън, смлян

- 4 супени лъжици зехтин

- 1/4 чаена лъжичка лук на прах

- 1 чаена лъжичка сол

- 1/2 чаена лъжичка смлян черен пипер

Упътвания

a) Предварително загрейте външна скара на средна температура и намажете леко решетката с масло.

b) Измийте гъбите и отстранете дръжките.

c) Комбинирайте червения пипер, чесъна, олиото, лука на прах, солта и смления черен пипер в голяма купа за смесване.

d) Нанесете сместа върху гъбите.

e) Печете на грил за 15 до 20 минути на непряк огън или отстрани на горещите въглища.

53. Чипс с подправки на скара

Общо време за приготвяне: 30 минути

Общо време за готвене: 15 минути

Добив: 4 до 6 порции

Съставка

- 1 килограм картофи, нарязани на пържени картофи и сварени

- 3 супени лъжици зехтин

- 3 супени лъжици растително масло

- По 2 скилидки чесън, смлени

- 1 щипка Кайен

- Сол и черен пипер

- $1\frac{1}{2}$ чаена лъжичка чили на прах

Упътвания

a) Комбинирайте сместа от подправки.

b) Отцедете сварените картофи и веднага ги хвърлете в приготвената смес от подправки.

c) Разбъркайте внимателно и прехвърлете върху загрята скара.

d) Изпечете чипса върху горещи въглища.

e) Намажете картофите с останалата смес от подправки, докато продължават да се готвят.

54. **Печени картофи на скара**

Общо време за приготвяне: 15 минути

Общо време за готвене: 34 минути

Добив: 2

съставки

- 6 Картофи за печене

- 1 глава лук; нарязани

- 4 унции. Зелени люти чушки

- 4 унции. Черни маслини; нарязани

- 1/4 чаена лъжичка чесън на прах

- 1/2 чаена лъжичка лимонов пипер

- Алуминиево фолио

Упътвания

a) Почистете и нарежете картофите за печене, но оставете
   кората.

b) Равномерно разпределете съставките върху квадратчета
   фолио.

c) Запечатайте краищата, като застъпите фолиото.

d) Пече се на скара за 45-55 минути.

55.   Лук на скара

Общо време за приготвяне: 10 минути

Общо време за готвене: 45 минути

ДОБАВБА: 2 чаши

съставки

- 6 умерени глави лук, обелен

- 6 супени лъжици масло или олио

- Сол

- Прясно смлян черен пипер

Упътвания

a) Разполовете лука и го наредете върху намазнена скара.

b) Намажете с масло и гответе 45 минути, като поръсите с още масло или олио, ако е необходимо, за да поддържате влагата.

c) Подправете със сол и черен пипер на вкус

d) Сервирайте топло или студено.

56.   Запечен лук в бадемов сос

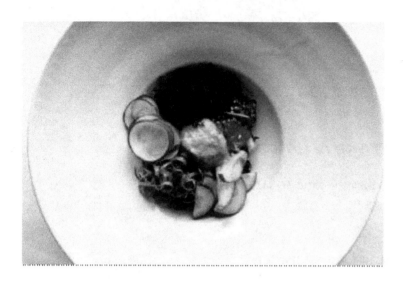

Общо време за приготвяне 15 минути

Общо време за готвене 35 минути

Добив: 6 порции

съставки

- 24 лука; подрязани краища на корените

- 3 супени лъжици бадеми, препечени

- 2 сливи домати; грубо нарязани на кубчета

- 2 скилидки чесън; тънко сегментиран

- 1 супена лъжица испански червен пипер

- 10 листа от мента

- 2 супени лъжици пресен магданоз; на кубчета

- $\frac{1}{4}$ чаша екстра върджин зехтин

- 2 супени лъжици оцет

Упътвания

a) Загрейте скарата.

b) Поставете лука от по-студената страна на скарата и гответе по 2 минути от всяка страна или докато стане тъмнозелен и омекнал.

c) В хаванче смесете бадемите, доматите, чесъна, червения пипер, ментата и магданоза.

d) Поставете в съд за смесване след смилане до фина паста. Разбийте оцета.

e) Извадете лука от скарата и ги хвърлете в чинията.

f) Сервирайте горещ или студен.

57.   Печено кейл

Общо време: 30 мин

Рандеман: около 8-10

съставки

- 500 г зеле

- 4 малки скилидки чесън

- ½ чаша зехтин

- морска сол и прясно смлян черен пипер

Упътвания

a) Загрейте фурната до 120 градуса по Целзий (250 градуса по Фаренхайт/газ 12).

b) Поръсете със зехтин листата зеле и чесъна върху тава за печене. Подправете на вкус със сол и черен пипер.

c) Печете на грил за 20 минути, далеч от огъня.

d) Извадете печените листа и ги поставете върху решетка, за да се охладят, като използвате пергамента за печене, за да уловите излишното масло.

САЛАТИ

58. Салата от рукола и зеленчуци на грил

Общо време за приготвяне: 10 минути

Общо време за готвене: 20 минути

Добив: 8 порции

Съставка s

- 1½ чаша зехтин

- ¼ чаша лимонов сок

- ¼ чаша балсамов оцет

- ¼ чаша пресни билки

- 4 щипки сос Табаско

- Сол и черен пипер на вкус

- 2 червени чушки; наполовина

- 3 сливи домати; наполовина

- 2 умерени глави червен лук

- 1 малък патладжан; Сегментиран

- 10 гъби гъби

- 10 малки червени картофа; варени

- ⅓ чаша зехтин

- Сол и черен пипер на вкус

- 3 връзки рукола; измити и подсушени

- 1 килограм моцарела; тънко сегментиран

- 1 чаша черна маслина; без костилки

Упътвания

a) В чиния разбийте заедно зехтина, лимоновия сок, оцета, билките, соса Табаско и солта и черния пипер. Поставете настрана.

b) В голяма купа за смесване смесете чушките, доматите, лука, патладжана, гъбите и картофите.

c) Смесете зехтина, солта и черния пипер, докато зеленчуците се покрият напълно. Печете на грил за 4 до 6 минути от всяка страна.

d) Извадете от скарата и нарежете на хапки, веднага щом се охлади достатъчно, за да се борави с него.

e) В голям, плитък съд направете канапе от рукола.

f) Поставете грилованите зеленчуци върху руколата, след това отгоре с моцарела и маслини и сервирайте с дресинга отстрани.

59.   Салата от авокадо и ориз

Общо време за приготвяне: 15 минути

Общо време за готвене: 20 минути

Добив: 4 порции

съставки

- 1 чаша ориз Wehani

- 3 зрели сливи домати; почистени от семките и нарязани на кубчета

- $\frac{1}{4}$ чаша нарязан на кубчета червен лук

- 1 малка чушка халапеньо; почистени от семките и нарязани на кубчета

- $\frac{1}{4}$ чаша фино нарязан кориандър

- $\frac{1}{4}$ чаша екстра върджин зехтин

- 1 супена лъжица сок от лайм

- $\frac{1}{8}$ чаена лъжичка семена от целина

- Сол и черен пипер; да опитам

- 1 зряло авокадо

- Смесени бебешки зеленчуци

Упътвания

a) Сгответе ориз Wehani според указанията на опаковката и след това разстелете върху тава за печене.

b) Комбинирайте ориз, домати, червен лук, чушка халапеньо и кориандър в голяма купа за смесване. Добавете сок от лайм, екстра върджин зехтин, семена от целина, сол и черен пипер на вкус

c) Обелете и нарежете авокадото преди сервиране. Подредете сегментите върху легло от асорти от бейби зеленчуци.

d) Поставете оризова салата Wehani върху авокадото.

e) Отгоре сложете зеленчуци на скара.

60. **Кафяв ориз и зеленчуци на скара**

Общо време за приготвяне: 15 минути

Общо време за готвене: 30 минути

Добив: 6 порции

съставки

- 1½ чаша кафяв ориз

- По 4 тиквички, разполовени по дължина

- 1 голяма глава червен лук, нарязан напречно на 3 дебели сегмента

- ¼ чаша зехтин

- ⅓ чаша зехтин

- 5 супени лъжици соев сос

- 3 супени лъжици сос Worcestershire

- 1½ чаша дървени стърготини Mesquite, накиснати в студена вода

- 2 чаши пресни царевични зърна

- ⅔ чаша пресен портокалов сок

- 1 супена лъжица пресен лимонов сок

- ½ чаша нарязан на кубчета италиански магданоз

Упътвания

а) Сварете ориза до готовност в голяма тенджера с вряща подсолена вода, около 30 минути. Отцедете добре.

b) В плитък съд комбинирайте олио, соев сос и сос Worcestershire; изсипете тиквички и резени лук. Оставете 30 минути за мариноване, като завъртите зеленчуците веднъж през това време.

c) Загрейте скарата.

d) Изцедете чипса от мескит и го разпръснете върху въглища, докато побелеят.

e) Поставете лука и тиквичките на скара, когато чипсът започне да пуши.

f) Поръсете със сол и черен пипер.

g) Гответе до омекване и златисто, като ги обърнете веднъж или два пъти и ги намажете със саламура. Извадете зеленчуците от скарата.

h) Четвърти сегментите лук и нарежете тиквичките на 1-инчови парчета.

i) Комбинирайте охладения ориз и царевица в чиния за сервиране.

j) Смесете портокалов сок, лимонов сок, 1/3 чаша олио, 3 супени лъжици соев сос и 1 супена лъжица сос Worcestershire заедно в купа за смесване. Изсипете върху салатата и разбъркайте добре.

k) Овкусете със сол и черен пипер след добавяне на магданоза.

l) Сервирайте салатата с гарнитура от допълнителен дресинг.

61. **Салата от чери домати и лук на скара**

Общо време за приготвяне: 5 минути

Общо време за готвене: 5 минути

Добив: 4 порции

съставки

- 1 голяма глава лук, нарязана на ситно

- 1 супена лъжица растително масло

- 1-пинта червени чери домати с дръжки и наполовина

- 1 пинта жълти чери домати

- 1 скилидка чесън, смлян

- ⅓ чаша зехтин

- ¼ чаша винен оцет

- 1 супена лъжица балсамов оцет

- 2 супени лъжици италиански магданоз, нарязан на кубчета

- Сол

- Смлян пипер

Упътвания

a) В голям тиган запържете лука в растително масло и го смесете с чери доматите и съставките за дресинга.

b) Сервирайте.

62. Градинска салата на скара

Общо време за приготвяне: 5 минути + охлаждане

Добив: 6 порции

съставки

- 2 умерено пушени домати, почистени от семената и нарязани на кубчета

- 1 умерено печена тиквичка, нарязана на кубчета

- 1 чаша замразена пълнозърнеста царевица, размразена

- 1 малко зряло авокадо, обелено, почистено от семките и едро нарязано на кубчета

- ⅓ чаша тънко сегментиран зелен лук с върховете

- ⅓ чаша сос Pace Picante

- 2 супени лъжици растително масло

- 2 супени лъжици Нарязан на кубчета пресен кориандър или магданоз

- 1 супена лъжица сок от лимон или лайм

- ¾ чаена лъжичка чеснова сол

- ¼ чаена лъжичка Смлян кимион

Упътвания

a) В голяма купа за смесване комбинирайте пушени домати, печени тиквички, царевица, авокадо и зелен лук.

b) Комбинирайте останалите съставки и разбъркайте добре.

c) Изсипете върху зеленчуковата смес и внимателно разбъркайте. Охладете за 3-4 часа, като внимателно разбърквате от време на време.

d) Внимателно разбъркайте соса Picante и сервирайте охладен или на стайна температура.

63.   Аспержи и домати на скара

Общо време за приготвяне: 5 минути

Общо време за готвене: 15 минути

Добив: 1 порция

съставки

- 12 унции аспержи, нарязани

- 6 зрели домати, разполовени

- 3 супени лъжици зехтин

- Сол и черен пипер

- 1 скилидка чесън, смлян

- 1 супена лъжица горчица

- 3 супени лъжици балсамов оцет

- ⅓ чаша зехтин

- Сол и черен пипер

Упътвания

a) Загрейте грил тигана на средно висока температура.

b) Комбинирайте аспержи, зехтин, сол и черен пипер в голяма купа за смесване. Намажете доматите в съда с останалия зехтин.

c) Запечете аспержите и доматите отделно, докато омекнат, но не станат на каша.

d) С помощта на бъркалка смесете чесъна, горчицата, балсамовия оцет и зехтина в съд. Подправете със сол и черен пипер на вкус.

e) Сервирайте зеленчуци на скара с винегрет, полят отгоре.

64.   Салата от царевица на скара

Общо време за приготвяне: 10 минути

Общо време за готвене: 10 минути

Добив: 4

съставки

- 1 1/2 ч.л. зехтин

- 1/2 чаена лъжичка. сол

- 4 класа царевица

- 1/4 чаена лъжичка. пипер

- 2 Т. сок от лайм

- 1/8 чаена лъжичка. чесън на прах

- 1 1/2 ч.л. зехтин

- 1 чаша нарязан на кубчета домат

- 2 чаени лъжички. захар

- 1 чаша нарязана на кубчета краставица, почистена и обелена

Упътвания

a) Намажете царевицата с 1 1/2 чаена лъжичка зехтин

b) Поставете царевицата на скара и гответе 20 минути, като я редувате на всеки пет минути или докато покафенее. Оставете да изстине.

c) В средно голям съд смесете сок от лайм, зехтин, захар, сол, черен пипер и чесън на прах.

d) Хвърлете царевицата, домата и краставицата. Разбъркайте

СЕЙТАН, ТЕМПЕ И ТОФУ

65. Брошета от сейтан с праскови

Общо време за приготвяне: 10 минути

Общо време за готвене: 22 минути

Добив 4 порции

съставки

- 1/3 чаша балсамов оцет

- 2 супени лъжици сухо червено вино

- 2 супени лъжици светлокафява захар

- 1/4 чаша нарязан пресен босилек

- 1/4 чаша нарязана прясна майорана

- 2 супени лъжици смлян чесън

- 2 супени лъжици зехтин

- 1-килограмов сейтан, нарязан на 1-инчови парчета

- 2 лука шалот, разполовени по дължина и бланширани

- Сол и прясно смлян черен пипер

- 2 зрели праскови, без костилки и нарязани на 1-инчови парчета

Упътвания

а) В малка тенджера оставете оцета, виното и захарта да
   заври. Намалете топлината до средна и гответе, като
   разбърквате от време на време, докато течността се
   редуцира наполовина, около 15 минути.

b) Комбинирайте босилека, майорана, чесъна и зехтина в голяма купа за смесване. Добавете сейтан, шалот и праскови за покритие.

c) Подправете на вкус със сол и черен пипер.

d) Намажете сейтана, шалота и прасковите с балсамовата смес, след като ги нанижете на шишчетата.

e) Поставете брошетата на скара и гответе по 3 минути от всяка страна или докато сейтанът и прасковите се сварят.

f) Сервирайте веднага след намазване с останалата балсамова смес.

66.   Сейтан и зеленчукови кебаби на скара

Общо време за приготвяне 50 минути
Общо време за готвене 10 минути
Добив 4 порции

съставки

- 1/3 чаша балсамов оцет

- 2 супени лъжици зехтин

- 1 супена лъжица смлян пресен риган

- 2 скилидки чесън, смлени

- 1/2 чаена лъжичка сол

- 1/4 чаена лъжичка прясно смлян черен пипер

- 1-килограмов сейтан, нарязан на 1-инчови кубчета

- 7 унции малки бели гъби

- 2 малки тиквички, нарязани на 1-инчови парчета

- 1 средно голяма жълта чушка, нарязана на 1-инчови квадрати

- зрели чери домати

Упътвания

а) Комбинирайте оцета, олиото, ригана, мащерката, чесъна, солта и черния пипер в средно голяма купа за смесване.

b) Обърнете, за да покриете сейтана, гъбите, тиквичките, чушката и доматите. Мариновайте за 30 минути на стайна температура, като от време на време ги обръщате.

c) Загрейте скарата.

d) С помощта на шишове наниже те сейтана, гъбите и доматите.

e) Поставете шишчетата върху горещата скара и гответе за около 10 минути общо, като ги завъртите веднъж по средата.

f) Сервирайте веднага с малко количество от заделената марината, полята отгоре.

67.   Кубински сандвич със сейтан

Общо време за приготвяне: 15 минути
Общо време за готвене: 35 минути
Добив: 4

съставки

Моjо печен сейтан:

- 3/4 чаша пресен портокалов сок

- 3 супени лъжици пресен сок от лайм

- 3 супени лъжици зехтин

- 4 скилидки чесън, смлени

- 1 чаена лъжичка сух риган

- 1/2 чаена лъжичка смлян кимион

- 1/2 чаена лъжичка сол

- 1/2-килограмов сейтан, нарязан на филийки с дебелина 1/4 инча

За монтаж:

- 4 вегански сандвич рулца подводница, нарязани по ширина

- Веганско масло, на стайна температура, или зехтин

- Жълта горчица

- 1 чаша филийки кисели краставички от хляб и масло

- 8 филийки веган шунка

- 8 филийки веганско сирене с мек вкус

Упътвания

a) Загрейте фурната до 375 градуса по Фаренхайт.

b) В керамична или стъклена тава за печене 7 x 11 инча разбъркайте заедно всички съставки на моджо, с изключение на сейтана. Хвърлете лентите сейтан в маринатата, за да ги покриете. Печете 10 минути, след което обърнете филийките веднъж, за да покафенеят леко краищата.

c) Разрежете всяко руло или филия хляб наполовина хоризонтално и обилно намажете двете половини с масло или зехтин. Разстелете дебел слой горчица, няколко резена кисела краставичка, два резена шунка и една четвърт от резените сейтан върху долната половина на всяка кифличка, след което поставете отгоре две резенчета сирене.

d) Поставете другата половина на рулото върху долната половина на сандвича и намажете с малко от останалата марината отрязаната страна.

e) Предварително загрейте чугунен тиган на среден огън.

f) Прехвърлете внимателно два сандвича в тигана, след което ги покрийте с нещо тежко и топлоустойчиво.

g) Печете сандвича на скара за 3 до 4 минути.

h) Гответе още 3 минути или докато сиренето се нагорещи и разтопи, като отново притискате с тежестта.

i) Отстранете тежестта и нарежете всеки сандвич диагонално с остър нож върху дъска за рязане. Сервирайте веднага!

68.   Темпе на барбекю

Общо време за приготвяне: 10 минути

Общо време за готвене: 10 минути

Добив: 4 порции

съставки

- 1-килограмово темпе, нарязано на 2-инчови барове

- 2 супени лъжици зехтин

- 1 средно голяма глава лук, смляна

- 1 средно голяма червена чушка, смляна

- 2 скилидки чесън, смлени

- 14,5 унции консерва домати

- 2 супени лъжици тъмна меласа

- 2 супени лъжици ябълков оцет

- 2 супени лъжици соев сос

- 2 супени лъжици пикантна кафява горчица

- 1 супена лъжица захар

- 1/2 чаена лъжичка сол

- 1/4 чаена лъжичка смлян бахар

- 1/4 чаена лъжичка смлян кайен

Упътвания

a) Гответе темпето за 30 минути в среден съд с вряща вода. Отцедете водата и го оставете настрана.

b) Загрейте олио в голяма тенджера на среден огън. Задушете лука, чушката и чесъна за 5 минути или докато омекнат. Оставете да заври с доматите, меласата, оцета, соевия сос, горчицата, захарта, солта, бахара и лютия червен пипер. Намалете котлона до минимум и гответе 20 минути без капак.

c) Загрейте останалата 1 супена лъжица масло в голям тиган на среден огън.

d) Добавете темпе и гответе 10 минути, като обърнете веднъж, докато темпе стане златисто кафяво. Добавете достатъчно сос, за да покриете напълно темпето.

e) Покрийте и гответе за 15 минути, за да се смесят вкусовете. Сервирайте веднага.

69.   Тофу на скара с тамариндова глазура

Общо време за приготвяне: 25 минути
Общо време за готвене: 40 минути
Добив 4 порции

съставки

- 1 килограм изключително твърдо тофу, отцедено и подсушено

- Сол и прясно смлян черен пипер

- 2 супени лъжици зехтин

- 2 средни лука шалот, смлени

- 2 скилидки чесън, смлени

- 2 зрели домата, едро нарязани

- 2 супени лъжици кетчуп

- 1/4 чаша вода

- 2 супени лъжици дижонска горчица

- 1 супена лъжица тъмнокафява захар

- 2 супени лъжици нектар от агаве

- 2 супени лъжици тамаринд концентрат

- 1 супена лъжица тъмна меласа

- 1/2 чаена лъжичка смлян кайен

- 1 супена лъжица пушен червен пипер

- 1 супена лъжица соев сос

Упътвания

a) Нарежете тофуто на 1-инчови филийки, подправете на вкус със сол и черен пипер и поставете в плитка тава за печене.

b) Загрейте олиото в голяма тенджера на среден огън. Задушете за 2 минути с шалот и чесън. Комбинирайте останалите съставки, с изключение на тофу.

c) Намалете на ниска температура и гответе 15 минути. Смесете съдържанието в блендер, докато стане напълно гладко.

d) Върнете в тенджерата и оставете да къкри още 15 минути.

e) Загрейте предварително грила или пещта за бройлери.

f) Изпечете маринованото тофу, като го завъртите веднъж.

g) Извадете тофуто от скарата и покрийте двете страни със сос от тамаринд преди сервиране.

70. Нанизано тофу в марината

Общо време за приготвяне: 10 минути

Общо време за готвене: 10 минути

Добив: 4 порции

Съставка

- 1 фунт твърдо тофу, отцедено

- 16 умерени s Гъби Шийтаке

- 1 голяма репичка Дайкон

- 1 всяка глава бок чой

- $\frac{1}{2}$ чаша соев сос

- $\frac{1}{2}$ чаша портокалов сок

- 2 супени лъжици оризов оцет

- 2 супени лъжици фъстъчено масло

- 1 супена лъжица тъмно сусамово масло

- 2 супени лъжици пресен джинджифил, смлян

- $\frac{1}{4}$ чаена лъжичка люто чили, смляно

Упътвания

a) Емулгирайте саламурата, като разбиете заедно всички съставки.

b) Нарежете тортата с тофу наполовина и я мариновайте за 1 час на стайна температура или за една нощ в хладилника. Често се обръщайте.

c) Мариновайте гъбите, дайкона и стъблата на бок чой.

d) Смесете маринатата в листата бок чой.

e) Сгънете страните на всяко листо навътре към центъра и го навийте на руло отгоре.

f) Алтернативно нанижете пакета листа, гъбите, тофуто, дайкона и стъблото на бок чой върху дървени шишчета.

g) Печете шишчетата за 12 до 15 минути на затворена скара, като ги завъртите наполовина, за да осигурите равномерно готвене.

71. Тофу на скара в кафене

Общо време за приготвяне: 20 минути

Общо време за готвене: 5 минути

Добив: 4 порции

Съставка

- 1 паунд тофу

- $\frac{1}{4}$ чаша Мирин

- $\frac{1}{4}$ чаша Тамари

- 1 чаена лъжичка джинджифил, пресен; кайма

- тире Пипер, кайен

Упътвания

a) Комбинирайте мирин, тамари, джинджифил и лют червен пипер.

b) Мариновайте тофу в сместа за поне един час или цяла нощ.

c) Запечете тофу върху горещи въглища, докато леко покафенее.

72.   *Соево тофу на скара*

Общо време за приготвяне: 20 минути + охлаждане

Общо време за готвене: 5 минути

Добив: 4 порции

Съставка

- 1 паунд твърдо тофу

- 2 супени лъжици соев сос

- 1 супена лъжица пакетирана кафява захар

- 1 супена лъжица кетчуп

- 1 супена лъжица хрян

- 1 супена лъжица ябълков оцет

- 1 скилидка чесън, смляна

Упътвания

a) Нарежете тофу на сегменти с дебелина 1/2 инча и поставете в стъклен съд за печене.

b) Комбинирайте соев сос, кафява захар, кетчуп, хрян, оцет и чесън в купа за смесване; изсипете върху тофу и обърнете за равномерно покритие.

c) Охлаждайте поне 1 час или до 24 часа, като обърнете веднъж или два пъти.

d) Повторно сервирайте марината и поставете тофу върху намазнената скара.

е) Печете на грил за 3 минути от всяка страна или докато покафенеят на умерено силен огън, поливайки с марината.

73.   Тофу на скара с неримизо

Добив: 12 порции

Съставка

- 3 супени лъжици Даши

- $\frac{1}{2}$ чаша бяло мисо

- 1 супена лъжица захар

- 1 супена лъжица Мирин

- 3 супени лъжици сусам, препечен

- 1 яйчен жълтък

- 3 торти тофу

- 12 стръка киноме

Упътвания

a) Сварете дашито, мисото, захарта и мирина. Намалете котлона и продължете да бъркате редовно с дървена лъжица още 20 минути.

b) Оставете да се охлади малко преди да добавите жълтъка. Разбъркайте енергично, докато се образува гладка паста.

c) Смелете сусама и го смесете с половината смес от неримизото, оставяйки другия сос чист.

d) Нарежете всяка торта с тофу на четири правоъгълника. Разстелете неримисото от едната страна на парчетата тофу, след това използвайте простия сос върху половината от тях и сусамовия сос върху другата половина.

e) Печете на скара до кафяво и хрупкаво от двете страни върху дървени въглища.

74. Нарязани на шиш тофу и зеленчуци

Общо време за приготвяне: 10 минути

Общо време за готвене: 6 минути

Добив: 1 порция

Съставка

- 4 лука

- 1 блокче твърдо тофу, нарязано на 3/4"

Смес от саламура⬚

- 2 чаени лъжички чесън

- 2 супени лъжици пресен джинджифил

- 3 супени лъжици зехтин или рапично масло

- $\frac{1}{2}$ чаша соев сос

- 2 супени лъжици кафява захар

- 2 чаени лъжички препечено сусамово масло

- $\frac{1}{4}$ чаена лъжичка червени чили люспи

- $\frac{1}{3}$ lb кремини или гъби шийтаке

- 1 червен пипер

- 1 червен или жълт лук

Упътвания

a) За да направите саламура, разбийте лука, чесъна и джинджифила в кухненски робот или миксер, докато се накълцат на ситно.

b) Загрейте зехтина в малък тиган и запържете сместа от лук за минута-две, като разбърквате. Оставете да заври, като разбъркате соевия сос и захарта.

c) Отстранете от котлона и го оставете да се охлади леко, преди да добавите сусамово масло и червени люти чушки.

d) Намалете котлона и изсипете върху кубчетата тофу, като мариновате най-малко 1 час и до 4 часа.

e) Нанижете на шишче мариновано тофу, гъби, чушки и лук.

f) Намажете зеленчуците с останалата саламура и ги изпечете на скара, докато станат хрупкави и омекнали.

75.   Индийски шишчета с подправки тофу

Общо време за приготвяне: 30 минути

Общо време за готвене : 30 минути

Добив: 1 порция

Съставка

- 3 пакета тофу, нарязани на квадратчета

- Изстискайте сок от 2 лимона

- Сол и черен пипер

- 1 глава червен лук

- 2 супени лъжици нарязан на кубчета кориандър

- 1 малка краставица; обелени

- 4 Пита хляб

- 1 вана натурално кисело мляко

- Фъстъчено масло за пържене

- 1 супена лъжица семена от кориандър

- 1 супена лъжица семена от кимион

- 1 супена лъжица червен пипер

- 2 червени люти чушки

- 1 малко парче джинджифил

- 3 супени лъжици кисело мляко

- 2 супени лъжици куркума

- 1 супена лъжица гарам масала

Упътвания

a) В кафемелачка разбийте заедно всички подправки, докато станат фино смлени. Разбъркайте киселото мляко.

b) Подправете тофу със сол и лимонов сок. Мариновайте поне час в сместа от подправки. Набодете ги на бамбукови шишчета.

c) Червеният лук и краставицата се нарязват на ситно и се смесват с кориандъра. Подправете със сол и черен пипер на вкус

d) Запечете питата от двете страни в грил тиган.

e) В малко количество фъстъчено масло запържете шишчетата тофу от всички страни.

f) Сервирайте с натурално кисело мляко и нарязани пити. Напълнете с част от сместа с червен лук, нанижете с тофу шишче и сервирайте.

76.   Пълнени чушки с тофу на скара

Общо време за приготвяне: 10 минути

Общо време за готвене: 35 минути

Добив: 4 порции

Съставка

- 4 големи зелени чушки

- 1 голяма глава лук; на кубчета

- 3 скилидки чесън; кайма

- 12 унции тофу; раздробени

- 2 чаени лъжички зехтин; може би утроен

- 8 унции сегментирани гъби

- 4 ромски домата

- 1 чаена лъжичка смляна прясна майорана

- $\frac{1}{2}$ чаена лъжичка сол; или повече на вкус

- 1 чаена лъжичка пресен риган

- 1 супена лъжица соев сос

- 14 унции задушени домати

- 1 чаша варен кафяв ориз

- $\frac{1}{2}$ чаша вода

- Прясно смлян черен пипер

- Пармезан или заквасена сметана за украса

Упътвания

a) Загрейте скарата на средно висока степен.

b) Печете чушките на грил за 5 минути, като ги обръщате на всеки 2 минути, докато леко се овъглят, но не прекалено омекнат.

c) Запържете лука, чесъна и тофуто в зехтин върху голяма решетка на скара за 4 до 5 минути. Добавете гъбите, 3 нарязани на кубчета ромски домати, майорана, сол и риган в тигана.

d) Хвърлете в соевия сос, доматите и ориза. Свалете от котлона и разбъркайте, за да се комбинират. Изсипете тази смес във всяка чушка, като леко притискате с лъжица, за да освободите допълнително място за плънката.

e) Напълнете една четвърт от останалия ромски домат в горната част на всяка чушка. Поставете чушките в 2-литров съд за печене и ги покрийте с останалата доматена смес.

f) Покрийте с алуминиево фолио и добавете водата и черния пипер.

g) Поставете върху скарата и гответе 20 до 25 минути на непряк огън или докато чушките станат крехки като вилица, но не станат кашави.

h) С лъжица намажете чушките с останалия сос и сервирайте.

САНДВИЧИ И БУРГЕРИ

77. Оризови бургери от леща

Общо време: 40 минути
Добив: 8 порции

съставки

- $\frac{3}{4}$ чаша Леща за готвене
- 1 Сладък картоф
- 10 Пресни листа от спанак; до 15
- 1 чаша пресни гъби
- $\frac{3}{4}$ чаша Хлебни трохи
- 1 ч.л Естрагон
- 1 ч.л Чесън на прах
- 1 ч.л Люспи от магданоз
- $\frac{3}{4}$ чаша Дългозърнест ориз

Упътвания

a) Сварете ориза, докато омекне и леко лепне, след което добавете лещата. Оставете да изстине.

b) Смелете сварен обелен сладък картоф.

c) Нарежете гъбите на ситно. Изплакнете листата спанак и ги нарежете на едро. Смесете всички съставки и подправки в купа за смесване, подправете със сол и черен пипер на вкус.

d) Охладете за 15 до 30 минути. Оформят се банички и се пекат на външно барбекю със зеленчукова скара.

e) Не забравяйте да намаслите или напръскате тигана с Пам, за да предотвратите залепването на бургерите.

78.   Бургер с маслини и боб мунг

Общо време: 45 минути

Добив: 4 порции

съставки

- 1/2 чаша зелен боб мунг, накиснат и сварен

- 1 супена лъжица златно ленено семе, смляно

- $\frac{1}{2}$ чаша маслини Каламата, нарязани на ситно

- $\frac{1}{2}$ чаша лук, нарязан на ситно

- $\frac{1}{2}$ чаена лъжичка сух риган

- $\frac{1}{4}$ чаена лъжичка прясно смлян черен пипер

- $\frac{1}{4}$-$\frac{1}{2}$ чаена лъжичка келтска морска сол

- 1 супена лъжица био доматено пюре

- 2 скилидки чесън, смлени

- 1 супена лъжица био сушени домати в олио, нарязани

- $\frac{1}{4}$ чаша пресен магданоз, нарязан

Упътвания

a) Загрейте фурната до 375 градуса по Фаренхайт.

b) Комбинирайте ленено семе и 3 супени лъжици вода в малка купа.

c) В кухненски робот пюрирайте боба, докато придобие гладка текстура.

d) Поставете в средно голям съд за смесване. Трябва да се добавят маслини, лук, чесън, сушени домати, магданоз, подправки и доматено пюре. Смесете всичко старателно. Регулирайте солта на вкус.

e) Хвърлете лената смес. Смесете всичко.

f) Оформете 4-6 бургера и разпределете равномерно върху тиган.

g) Гответе 20 минути, след това извадете от скарата, обърнете и гответе още 5-10 минути. Когато бургерите са готови, те трябва да се запекат леко.

79. Бургер от черен боб с чедър и лук

Общо време за приготвяне: 5 минути

Общо време: 10 минути

Добив: 6

съставки

- 400 г сварен черен боб

- фъстъчено масло за пържене

- 65 г ситно нарязан лук

- 1 чаена лъжичка мек чили на прах

- 1 чаена лъжичка пушен червен пипер

- 3 супени лъжици сос барбекю

- 50 г Сухи печени орехи

- 2 супени лъжици ситно нарязан кориандър

- 100 г сварен черен ориз

- 25 г панко галета

- морска сол

- Карамелизиран лук

- 2 глави лук

- 2 супени лъжици масло

- 1 супена лъжица червен винен оцет

Да служа

- 120 г Чедър

- 6 кифлички за бургер, разполовени

- масло за кифличките

- Листа от римска маруля

Упътвания

a) Загрейте малко количество олио в тиган и запържете лука, докато стане златисто кафяв.

b) Намалете котлона до минимум и добавете чилито и червения пипер на прах.

c) Отстранете тигана от котлона и разбъркайте в соса за барбекю.

d) Накълцайте орехите и ги комбинирайте с боба, кориандъра, ориза, панко галета и щипка сол в съд за смесване.

e) Разбъркайте сместа от лук, докато се смеси напълно.

f) Оформете 6 кръгли банички с шепа от сместа наведнъж, след което ги завийте със стреч фолио.

g) Приберете в хладилник за поне един час.

h) Сложете лука в охладена тенджера, след като сте го обелили и нарязали. Сложете маслото в тенджера и го поставете на среден огън, след което го покрийте.

i) Отстранете капака, налейте оцета, увеличете котлона и гответе, като разбърквате от време на време, за около 15 минути или докато течността значително намалее. Поставете настрана.

j) Загрейте грила до 350 градуса по Фаренхайт.

k) Печете баничките на грил за няколко минути от двете страни, докато придобият добър цвят.

l) Поставете няколко резена сирене върху всеки бургер и печете на скара, докато сиренето се разтопи.

m) Разрезите на кифлите се намазват с масло и се изпържват бързо на скара.

n) На дъното на всяка питка сложете по една баничка. Отгоре поставете листа от маруля и голяма купа карамелизиран лук.

80. Бургер с авокадо на скара с маринован боб

Общо време: 10 мин

Добив: 6

съставки

- 3-4 средни авокадо

- сок от 1 лайм

- зехтин

Маринован боб

- 200 г сварен черен боб

- 2-3 пушени домата

- 1 глава пресен лук, нарязан на ситно

- 1 чаена лъжичка ситно нарязан лют червен пипер серано

- 1 супена лъжица ситно нарязан кориандър

- 1 чаена лъжичка ситно нарязан чесън

- 1 супена лъжица бял винен оцет

- 2 супени лъжици зехтин

- кора от 1 лайм

Да служа

- 6 кифлички за бургер, разполовени

- масло за кифличките

- 6 супени лъжици крем фреш

- магданоз и кориандър

- лют червен пипер

Упътвания

a) Пригответе пушените домати на скара.

b) Смесете пушените нарязани домати с останалите съставки и маринования боб.

c) Поставете резените авокадо в чиния и ги поръсете със сок от лайм и олио.

d) Изпечете резените авокадо бързо на скара на много силен огън или използвайте горелка, за да запържите повърхността.

e) Изпечете кифлите бързо на барбекю с масло върху разреза.

f) Върху всяка кифличка се разпределя по една голяма лъжица маринован боб. След това отгоре наредете 2 резена авокадо, купичка крем Фреш и малко магданоз и кориандър.

g) Поръсете със струйка кайенов пипер за финал.

81.   Бургер с киноа и сладки картофи

Общо време за приготвяне: 15 минути

Общо време за готвене: 1 час 10 минути

Добив: 6

съставки

- 3 средни сладки картофа, печени

- 2 яйца

- 1 чаша брашно от нахут

- 1 чаена лъжичка чили на прах

- 1 супена лъжица пълнозърнеста дижонска горчица

- 1 супена лъжица орехово масло или друго ядково масло

- сок от $\frac{1}{2}$ лимон

- 1 щипка морска сол

- 200 г киноа

- фъстъчено олио, за пържене

- Заквасена сметана от хрян

- 3 супени лъжици ситно настърган хрян

- $1\frac{1}{4}$ чаши заквасена сметана

- морска сол

Да служа

- 6 кифлички за бургер, разполовени

- масло за кифличките

- ситно нарязан червен азиатски шалот

- ситно нарязан див лук

Упътвания

a) Разцепете картофите по дължина и с лъжица изстържете вътрешностите.

b) С помощта на острието на ножа разбийте леко яйцата в кухненски робот. Смесете сладките картофи, брашното от нахут, чилито на прах, горчицата, ядковото масло, лимоновия сок и солта, докато всичко се смеси напълно. Добавя се киноата и се прехвърля в купа.

c) Оформете 6 кръгли банички с по една шепа от сместа на ръка или с ринг. Покрийте баничките със стреч фолио и ги оставете настрана.

d) В купа за смесване смесете хряна и заквасената сметана. Подправете със сол на вкус и оставете настрана.

e) Печете баничките за няколко минути от двете страни на среден огън, докато придобият цвят.

f) Намажете с масло изрязаните повърхности на кифличките и бързо ги изпечете на скара.

g) Поставете бургер на дъното на всяка кифла и покрийте със заквасена сметана от хрян, шалот и див лук.

82.   Чили Relleno сандвичи на скара

Общо време: 30 минути

Добив: 4 порции

Съставка

- 4-унции кутия цели зелени люти чушки; изцедени

- 8 парчета бял хляб

- 4 сегмента Monterey Jack; 1 унция всяка

- 4 парчета сирене Чедър; 1 унция всяка

- 3 супени лъжици маргарин или масло; омекнал

Упътвания

a) Топ 4 филийки хляб с 1 филия сирене Monterey Jack, резени люти чушки и сирене Чедър; отгоре покрийте с останалите филийки хляб.

b) Отвън всеки сандвич се намазва с маргарин.

c) Загрейте решетката до средно висока температура или 375 градуса по Фаренхайт.

d) Гответе 2-4 минути от всяка страна или докато хлябът стане златисто кафяв и сиренето се разтопи.

83. Сандвич с фъстъчени плодове

Общо време за готвене: 3 минути

Общо време за приготвяне: 1 мин

Добив: 1 порция

съставки

- 12 парчета бял хляб

- Масло; омекнал

- $\frac{1}{2}$ чаша гладко фъстъчено масло

- $\frac{1}{2}$ чаша натрошен ананас; добре дрениран

- 1 чаша червена боровинка портокал

Упътвания

a) Намажете хляба от двете страни с масло.

b) Намажете равномерно фъстъчено масло и натрошен ананас върху 6 филийки хляб.

c) Добавете червена боровинка-портокал към сместа с фъстъчено масло.

d) Отгоре покрийте с останалите филийки хляб и ги запечете до златисто кафяво от двете страни.

e) Нарежете на парчета и сервирайте веднага.

f) Сервирайте с пръчици целина и къдрици моркови като гарнитура.

84. Здравословен веган сандвич със сирене на скара

Общо време за приготвяне: 5 минути

Общо време за готвене: 10 минути

Добив: 3 сандвича

съставки

- 6 филийки хляб

- 1 авокадо, обелено, нарязано на филийки

- 1 тиквичка, нарязана на филийки с дебелина $\frac{1}{2}$ инча по дължина

- $\frac{1}{2}$ чаша пресен спанак

- 4 унции. пушено тофу, нарязано

- 1 глава зелен лук, нарязан на кубчета

- 3 супени лъжици майонеза от кашу

- 4-5 супени лъжици веган сирен сос

- Микрозелени или кълнове

Упътвания

a) В горещ грил тиган запържете тиквичките и резените тофу за 3 минути, след това обърнете и гответе още 3 минути. Поставете в чиния да се охлади.

b) Поставете парчетата хляб едно до друго и намажете с една лъжица майонеза от кашу всяка от долните три филийки.

c) Наредете сгънатите печени на скара тиквички и резени тофу още веднъж, след което ги полейте с около 2 чаени лъжички сос от топено сирене.

d) Добавете пресен спанак, зелен лук и кълнове отгоре, последвани от още една супена лъжица сос от сирене и нарязаното авокадо.

e) Покрийте с филия хляб.

f) Загрейте чугунен тиган на среден огън, преди да добавите сандвичите.

g) Натиснете вашите веган сандвичи със сирене за няколко секунди с шпатула, след това покрийте с капак и гответе за 3-4 минути или докато се образува златиста коричка.

85.   Сандвичи със синьо сирене на скара

Общо време за приготвяне: 5 минути

Общо време за готвене: 10 минути

Добив: 1 порция

Съставка

- 1 чаша натрошено синьо сирене;
- $\frac{1}{2}$ чаша ситно нарязани препечени орехи
- 16 сегмента Пълнозърнест хляб
- 16 малки стръка кресон
- 6 супени лъжици масло

Упътвания

a) Разпределете поравно сиренето и орехите между 8-те квадрата хляб.

b) Отгоре поставете по 2 стръка кресон.

c) Подправете с черен пипер и отгоре сложете останалите парчета хляб, като направите общо 8 сандвича.

d) В голям незалепващ тиган разтопете 3 супени лъжици масло.

e) Печете сандвичите на скара за 3 минути от всяка страна или докато станат златисто кафяви и сиренето се разтопи. Прехвърлете върху дъската за рязане.

f) Нарежете сандвичите по диагонал. Прехвърлете в чинии за сервиране.

86.   Печена ябълка и сирене

Общо време за приготвяне: 10 минути

Общо време за готвене: 5 минути

Добив: 2 порции

Съставка

- 1 малка ябълка Red Delicious

- $\frac{1}{2}$ чаша 1% нискомаслено извара

- 3 супени лъжици ситно нарязан на кубчета лилав лук

- 2 английски мъфина с квас, нарязани и препечени

- $\frac{1}{4}$ чаша натрошено синьо сирене

Упътвания

a) В малка купа смесете изварата и лука и разбъркайте добре.

b) Върху всеки половин мъфин разпределете около 2 ч.ч смес от извара.

c) Поставете 1 кръгче ябълка върху всяка чаша за мъфини; по равно, поръсете натрошено синьо сирене върху кръгчетата ябълка.

d) Поставете върху тава за печене и печете на скара за 1-12 минути или докато синьото сирене се разтопи, на 3 инча от пламъка.

87.   Наслада със сирена на скара

Общо време за приготвяне: 5 минути

Общо време за готвене: 5 минути

Добив: 1 порция

Съставка

- 6 сегмента хляб

- 3 дебели парчета сирене

- ½ чаена лъжичка натрошено червено чили

- Сол на вкус

- Бучка масло

Упътвания

a) Поставете сирене върху три парчета хляб.
b) Отгоре се намазва с чили и се покрива с второто парче хляб.
c) Скара върху горещи въглища

ДЕСЕРТИ

88. Картофени питки на скара

Общо време за готвене: 10 минути

Общо време: 20 минути

Добив: 100 порции

Съставка

- 2 галона вода; кипене

- $1\frac{1}{2}$ чаша масло

- 12 яйца

- $2\frac{1}{2}$ чаша мляко

- $3\frac{1}{4}$ литър картоф

- 1 килограм брашно

- 2 супени лъжици сол

Упътвания

a) Комбинирайте картофите и млякото. Поставете настрана

b) В купа за смесване смесете вода, масло или маргарин, сол и черен пипер.

c) С помощта на телена бъркалка веднага добавете комбинацията от картофи и мляко към течността на ниска скорост; смесете за 12 минути.

d) Смесете яйцата, като разбивате на умерена скорост

e) Потопете питките в пресято универсално брашно.

f) Печете на грил за 3 до 4 минути от всяка страна върху добре намазнена решетка от 375°F или до златисто кафяво.

89.   Питки с ориз на скара

Общо време за готвене: 12 минути

Добив: 4 порции

Съставка

- $2\frac{1}{2}$ чаша вода

- Сол

- $1\frac{1}{2}$ чаша късозърнест ориз

- 1 супена лъжица подправен оризов оцет или оцет от шери

Упътвания

a) Гответе ориза на ниска степен за 18 минути или докато оризът поеме цялата течност.

b) Когато оризът е готов, отстранете го от котлона и разбийте оризовия оцет. Оставете да изстине.

c) Напълнете леко намазнена 9-инчова квадратна или кръгла форма за торта наполовина с оризовата смес. Притиснете ориза равномерно в тигана с влажни или леко намаслени длани. Приберете в хладилник, докато стегне.

d) Подгответе скарата.

e) Нарежете готовия ориз на 12 равни форми с помощта на дъска за рязане.

f) Намажете скарата леко с масло, преди да добавите оризовите сладки.

g) Гответе за 1 до 2 минути, докато се оцветят добре, след това обърнете и запечете на скара за още 1 до 2 минути. Сервирайте веднага.

90.   Прасковен сладкиш

Общо време за приготвяне: 10 минути

Общо време за готвене: 15 минути

Добив: 9 порции

съставки

- 2 супени лъжици мед
- 1 супена лъжица масло, разтопено
- 1/4 чаена лъжичка канела
- 2 средно зрели банана
- 2 мед зрели праскови
- 1/2 от 11 унции кейк, нарязан на сегменти от 3/4 инча
- 1/2 от 8 унции Охладен камшик, размразен
- 1/4 чаена лъжичка канела
- Щипка индийско орехче

Упътвания

a) В малък съд смесете мед, разтопено масло и 1/4 чаена лъжичка канела.

b) Гответе 8-10 минути върху скара на среден огън, като разбърквате често.

c) Сложете топли плодове върху тортата.

d) Смесете останалите три съставки и залейте отгоре.

91. Hayes street grill кайсиев чипс

Общо време за приготвяне: 20 минути

Общо време за готвене: 40 минути

Добив: 4 порции

Съставка

- 8 супени лъжици несолено масло, нарязано на малки парченца

- 4 чаши половинки кайсии без костилки

- Сок от 1 лимон

- 2 до 8 супени лъжици гранулирана захар, на вкус

- 1 чаша универсално брашно

- 1 чаша светлокафява захар, опакована

- щипка сол

- 1 чаена лъжичка смляна канела

- Нежно разбита сметана, crème Fraiche или ванилов сладолед

Упътвания

a) Загрейте грила до 375 градуса по Фаренхайт.

b) Леко намаслете 9-инчова тава за пай или плитка, кръгла форма за печене.

c) Комбинирайте плодовете с лимонов сок и гранулирана захар. Напълнете съд за печене със сместа.

d) В купа за смесване смесете брашното, останалото масло, кафявата захар, солта и канелата. Разтрийте сместа с върховете на пръстите си, докато стане на трохи. пръски по плода

e) Печете на грил за 35 до 45 минути, докато плодовете започнат да шупнат по краищата и покафенеят отгоре.

f) Оставете да се охлади малко, преди да сервирате с бита сметана, crème Fraiche или сладолед.

92.   Тарта от патладжан на скара

Общо време за приготвяне: 20 минути

Общо време за готвене: 1 час 45 минути

Време за охлаждане: 1 час 10 минути

Добив: 8 порции

Съставка

- Спрей за готвене

- 1 голям патладжан; обелени и сегментирани

- 6 големи картофа; обелени и сегментирани

- 6 големи гъби Портабела

- Зехтин за четкане

- 1 супена лъжица зехтин; за галета

- Сол и черен пипер

- $\frac{1}{4}$ чаша магданоз; на кубчета

- $\frac{1}{4}$ чаша босилек; жулиен

- $\frac{3}{4}$ чаша настърган пресен пармезан; или Пекорино Романо

- 1 чаша пресни галета

- 1 супена лъжица зехтин

- 1 малка глава лук; кайма

- 1 стрък целина; кайма

- 4 големи домати; семена и едро нарязани на кубчета

- ½ чаша настъргани моркови

- 1 чаена лъжичка прясна мащерка; или 1/2 чаена лъжичка сушена мащерка

- 1 чаена лъжичка пресен лимонов сок

- 2 чаени лъжички пресен магданоз; на кубчета

Упътвания

a) За да приготвите вкуса, загрейте маслото в средно нереактивен съд. Добавете лука и целината и гответе 3 минути на умерен огън. Сложете доматите, морковите, мащерката и подправете на вкус със сол и черен пипер.

b) Гответе вкуса леко, докато течността се изпари почти. Разбийте магданоза и лимоновия сок.

c) Напръскайте обилно скарата.

d) Загрейте грила на средно висока температура.

e) Намажете патладжана, картофите и гъбите със зехтин и овкусете със сол и черен пипер от двете страни.

f) Намажете 9-инчова форма за торта или тава за тарта със спрей за готвене.

g) Запечете всички зеленчуци на скара, докато покафенеят напълно и се запекат от двете страни.

h) Наредете патладжана, картофа и гъбите в тавата за пай или тарта, поръсете малко магданоз, босилек и настъргано сирене между всяко нареждане на зеленчуци.

i) Загрейте 3 супени лъжици зехтин в малък тиган на умерено силен огън, докато се сгорещи. Запържете трохите до златисто кафяво. Върху тарта трябва да се поръсят галета.

j) Сервирайте веднага с малка локва доматен крем под всяко резенче.

93.   Мелби с ром на скара

Общо време за приготвяне: 15 минути

Общо време за готвене: 8 минути

Добив: 4 порции

Съставка

- ⅓ чаша плюс 1 супена лъжица кленов сироп

- 1½ супена лъжица тъмен ром

- 1 супена лъжица разтопено несолено масло

- 4 банана; узрял, но твърд

- 1 пинта нискомаслено замразено кисело мляко с ванилия

- ⅛ чаена лъжичка прясно смляно индийско орехче

Упътвания

a) Пригответе барбекю.

b) Смесете кленовия сироп и рома в малка тенджера. Добавете разтопеното масло.

c) Намажете с четка или втрийте сместа от кленов сироп и масло върху бананите.

d) Изпечете бананите на скара за 3 до 5 минути, като ги обърнете веднъж или два пъти с шпатула, докато покафенеят леко и омекнат, но не станат на каша.

e) В малка тенджера, поставена близо до жаравата, загрейте останалата смес от кленов сироп и ром, докато бананите се пекат.

f) Напълнете десертните купички до половината със замразено кисело мляко. Поставете нарязаните на четвъртинки банани върху замразеното кисело мляко.

g) Залейте ги с лютия сос.

94. Банани на скара със сладолед

Общо време за приготвяне: 25 минути

Добив: 1 порция

Общо време за готвене: 4 минути

Съставка

- 2 твърдо узрели банана

- $\frac{1}{4}$ Налепете несолено масло, разтопено и охладено

- 3 супени лъжици кафява захар

- $\frac{1}{4}$ паунда шоколад, нарязан на кубчета

- $\frac{1}{2}$ чаена лъжичка канела

- Ванилов сладолед

Упътвания

a) Загрейте предварително грил тиган.

b) Разполовете бананите по дължина, след като ги обелите.

c) Разбъркайте заедно маслото и кафявата захар в плитка тава за печене, след това добавете бананите и внимателно разбъркайте, за да покриете.

d) С метална шпатула прехвърлете бананите в намаслен грил тиган и ги загрейте, докато покафенеят и се сварят, около 2 минути от всяка страна.

e) В тежка тенджера разтопете нарязания на кубчета шоколад и канелата на слаб огън, като бъркате непрекъснато.

f) Сервирайте бананите със сладолед и шоколадов сос, както при банановия сплит.

95. Поширани и печени круши

Общо време за приготвяне: 5 минути

Общо време за готвене: 10 минути

Добив 4 порции

съставки

- 1 $1/2$ чаши сок от червена боровинка
- 1 чаша захар
- 2 супени лъжици чист екстракт от ванилия
- 2 круши
- 2 топки веган ванилов сладолед
- Шоколадов сос
- Стръкчета мента, за украса

Упътвания

a) Загрейте грила до 400 градуса по Фаренхайт.

b) На среден огън смесете сока от червени боровинки и захарта в голяма тенджера. Оставете да ври още 8 минути, след това отстранете от котлона и разбъркайте ваниловия екстракт.

c) С помощта на топка за пъпеш отстранете сърцевината на крушите и ги поставете в готовата тава. Завъртете крушите в сиропа от червени боровинки, за да ги покриете.

d) Печете на грил за 30 минути или докато омекнат, но не се разпадат.

e) Отстранете от скарата и оставете настрана да се охлади до стайна температура.

f) Поставете 2 половинки круши върху всеки от 4-те охладени десертни съда, когато сте готови за сервиране, като с лъжица намажете крушите с остатъчния сироп.

g) Поставете лъжица за сладолед върху всяка чиния.

96.   Печена праскова Мелба

Общо време за приготвяне: 20 мин

Общо време за готвене: 15 мин

Добив 4 порции

съставки

- 2 чаши вода
- зряла праскова
- 1 $1/2$ чаши захар
- 2 супени лъжици плюс 1 чаена лъжичка лимонов сок
- 1 чаша пресни малини
- 2 топки веган ванилов сладолед
- 1 супена лъжица нарязани препечени бадеми

Упътвания

a) Оставете водата да заври в голяма тенджера на силен огън, след което добавете прасковата. Намалете топлината до средна след 30 секунди, след което извадете прасковите.

b) Добавете 1 чаша захар и 2 супени лъжици лимонов сок към водата за нагряване и разбъркайте, за да се разтвори захарта.

c) Обелете прасковата и я почистете от ципите и я сварете още 8 минути в кипяща вода. Отцедете, след това почистете и нарежете прасковите. Поставете настрана.

d) Смесете малините и останалата захар в малка тенджера и загрейте на среден огън. Натрошете плодовете с гърба на лъжица и разбъркайте, за да разтворите захарта.

e) Пресовайте плодовете през ситна цедка в чиния. Смесете с останалата 1 чаена лъжичка лимонов сок.

f) Разпределете веган сладоледа в прозрачни десертни купички и украсете с парчетата праскова.

g) Сервирайте със струйка малинов сос и ръсене на бадеми.

97. Ястие с плодове с азиатски вкусове

Общо време за приготвяне: 12 минути

Общо време за готвене: 6 минути

Добив от 4 до 6 порции

съставки

- Консерва от 8 унции личи, опакована в сироп
- Сок от 1 лайм
- 1 чаена лъжичка кора от лайм
- 2 супени лъжици захар
- 1/4 чаша вода _
- 1 зряло манго , обелено, без костилки и нарязано на кубчета с размери 1/2 инча
- 1 азиатска круша, почистена от сърцевината и нарязана на зарчета с размери 1/2 инча
- 2 банана, обелени и нарязани на сегменти от 1/4 инча
- 1 плод киви , обелен и нарязан на сегменти от 1/4 инча
- 1 супена лъжица счукани безсолни фъстъци на скара

Упътвания

a) Сложете сиропа от личи в малка тенджера.

b) Загрейте сиропа от личи със сока и кората от лайм, както и захарта и водата, на слаб огън, докато захарта се разтвори. Оставете да заври, след което отстранете от огъня. Оставете да изстине.

c) Добавете мангото, крушата, бананите и кивито към ястието, съдържащо личи.

d) Сервирайте с капка от запазения сироп и шепа фъстъци.

98. Сладоледени палачинки

Общо време: 10 минути
Добив 4 порции

съставки

- 1 $^1/_2$ пинти веган ванилов сладолед, омекотен
- Вегански десертни палачинки
- 2 супени лъжици веган маргарин
- 1/4 сладкарска захар _
- $^1/_4$ чаша пресен портокалов сок
- 1 супена лъжица пресен лимонов сок
- 1/4 чаша Grand Marnier или друг ликьор с портокалов вкус

Упътвания

a) Поставете една четвърт от сладоледа край до край върху парче найлоново фолио, увийте го и го навийте на дънер с ръце.

b) Всеки от сладоледените трупи трябва да се навие на палачинка.

c) След като напълните палачинките, ги поставете във фризера за 30 минути, за да стегнат.

d) Разтопете маргарина в малък тиган на среден огън. Изсипва се захарта. Добавете портокаловия сок, лимоновия сок и Grand Marnier.

e) Печете на грил за около 2 минути, или докато по-голямата част от алкохола се изпари.

f) За да сервирате, подредете пълнените палачинки в десертни чинии и ги полейте с част от портокаловия сос.

99. Гратен от пекан и круша

Общо време за приготвяне: 10 минути
Общо време за готвене: 45 минути
Добив от 4 до 6 порции

съставки

- пресни зрели круши, обелени и почистени от сърцевината
- 1/2 чаша подсладени сушени боровинки
- 1/2 чаша захар _
- 1/2 чаена лъжичка смлян джинджифил
- 1 супена лъжица царевично нишесте
- 1/4 чаша обикновено или ванилово соево мляко
- 2/3 чаша едро нарязани пекани
- 1/4 чаша веган маргарин

Упътвания

a) Загрейте грила до 400 градуса по Фаренхайт.

b) Намажете леко форма за гратен.

c) Разпределете крушите в готовия съд.

d) Смесете боровинките, захарта, джинджифила и царевичното нишесте.

e) Добавете соевото мляко, намажете с маргарин и поръсете с пекани.

f) Печете на грил за 20 минути, или докато плодовете избухнат в средата.

100.   Препечен чили крем

Общо време за приготвяне: 10 минути
Общо време за готвене: 3 часа

Добив: 4 порции

Съставка

- 2 големи яйца

- 2 големи яйчни жълтъка

- ⅓ чаша захар, кафява

- 2 супени лъжици захар, кафява

- ¼ чаена лъжичка сол

- 2 чаши сметана, тежка

- ¼ чаена лъжичка ванилия

- 2 супени лъжици Chile de Arbol, препечени на прах

Упътвания

a) Загрейте грила до 300°F.
b) Разбийте заедно яйцето, жълтъците, кафявата захар и солта.
c) Попарете сметаната и ванилията в тенджера на среден огън; отстранете от огъня; разбъркайте в яйчната смес до гладкост; върнете към крема в тенджера и оставете да къкри, докато кремът покрие гърба на лъжица; свалете от огъня.
d) Напълнете рамекини с крем; поставете в тиган и поставете тигана върху скара.

e) Напълнете с достатъчно вода, за да достигнете до 2/3 от ръбовете на рамекините; печете на скара, докато стегне за около 3 часа.

f) За да сервирате, поръсете чили на прах върху всеки крем, след това отгоре с пресята кафява захар и печете на скара, докато захарта се разтопи, но не покафенее.

ЗАКЛЮЧЕНИЕ

Сезонът на скара е! Грилът придава свеж овъглен и неустоим опушен вкус на всичко, до което се докосне. И не го приписвайте само на бургери или ребра. Направете своята гарнитура едновременно с тези най-добри зеленчуци на скара! Тази комбинация от зеленчуци е вкусна, цветна и най-добрата част: всички се готвят с приблизително еднаква скорост. Хвърлете ги заедно с бърз микс от балсамико, зехтин и нотка розмарин и няма да можете да спрете да ги ядете.

CPSIA information can be obtained
at www.ICGtesting.com
Printed in the USA
LVHW080412301222
736096LV00030B/693